L'Australie et la Nouvelle-Zélande au 19è siècle

L'Australie et la Nouvelle-Zélande au 19è siècle

Pierre Leroy-Beaulieu

Editions Le Mono
Collection « Les Pages de l'Histoire »

ISBN : 978-2-36659-674-8
EAN : 978236659674X

Chapitre I

L'Australie et la Nouvelle-Zélande

Les possessions anglaises dans le Pacifique du Sud, le continent d'Australie et les grandes îles de la Nouvelle-Zélande sont le plus splendide monument du génie colonisateur britannique. Exclus de la plus belle partie de l'Amérique à la fin du siècle dernier par leurs propres descendais, les Anglais ont tourné leur activité vers les régions bien plus lointaines des antipodes, et l'empire colonial qu'ils y ont édifié en cent ans est plus riche et plus populeux que ne l'était en 1776 celui qu'ils ont perdu. Sans doute la nature les a beaucoup aidés et, sans l'énorme émigration qu'y attirèrent les mines d'or au milieu du siècle, l'Australie ne serait pas ce qu'elle est aujourd'hui. Mais il est vrai de dire aussi que sans la longue préparation, sans les efforts persévérants accomplis avant leur découverte, les gisements aurifères n'auraient pas joui d'une pareille force d'attraction, n'auraient pu produire des effets aussi puissants et aussi durables : la fortune vient rarement à ceux qui ne lui ont pas un peu frayé le chemin. S'il apparaît quelques manques de proportion et d'équilibre dans cet édifice si rapidement construit, si la hardiesse de ses habitants actuels semble plutôt tendre à le compromettre par des remaniements et des innovations hasardeuses, il n'en demeure pas moins un étonnant témoignage du génie de l'architecte.

L'Australasie est le chef-d'œuvre de la colonisation anglaise. Elle est de plus, outre un centre de production d'une extraordinaire activité, le théâtre d'expériences sociales de toute sorte. Elle mérite donc à tous les titres l'attention des Européens.

I

La route d'Amérique est aujourd'hui la plus courte pour se rendre en Nouvelle-Zélande ; même pour atteindre les provinces orientales, les plus importantes de l'Australie, elle peut encore rivaliser avec celle du canal de Suez. Il n'en faut pas moins trente-deux jours au minimum pour qu'un voyageur ou une lettre partis d'Angleterre atteignent Auckland, la ville la plus importante, bien qu'elle ne soit plus la capitale de la Nouvelle-Zélande. J'avais suivi cette voie, mais non avec cette rapidité, et après un séjour de quatre mois en Amérique m'étais embarqué pour la traversée du Pacifique qui dure dix-neuf jours, et dont la monotonie est heureusement interrompue par deux charmantes escales aux îles Hawaï et Samoa. Je suis le seul Français à bord ; parmi mes compagnons, se trouve pourtant un Californien, fils de Français, naturalisé Américain, qui, bien que n'ayant jamais été visiter la France, en parle encore quelque peu la langue ; tous les autres passagers sont Américains ou Anglais, des îles Britanniques ou d'Australie. Presque tous les Américains nous quittent à Honolulu, la capitale d'Hawaï, où nous arrivons après huit jours de mer. C'est une charmante petite ville qui n'a guère que trois ou quatre rues à l'européenne près du port, et qui disparaît presque tout entière au milieu des cocotiers, des palmiers de toute espèce, des jardins remplis d'arbustes, d'arbres même couverts de fleurs éclatantes. En s'élevant un peu sur les collines, à l'arrière de la ville, la vue est splendide sur la ceinture verte de palmeraies, entrecoupées de rizières et de plantations de cannes à sucre ou de bananiers, qui couvre la plage et s'avance jusqu'au bord même de la mer. Les collines de l'intérieur sont couvertes de broussailles où paissent quelques troupeaux qui, comme les plantations et les plus belles maisons de la ville, appartiennent aux Américains, depuis longtemps maîtres de l'archipel au point de vue économique. Depuis deux ans ils se sont aussi emparés du pouvoir politique, ont déposé et emprisonné la pauvre reine Liliuokalaui et organisé la République hawaïenne. Ils avaient pourtant toute l'influence qu'ils pouvaient désirer sous la monarchie indigène, dont la Constitution avait institué deux chambres pour lesquelles les étrangers avaient le droit de vote ! Mais les planteurs de cannes voulaient profiter des avantages que le gouvernement américain fait aux producteurs de sucre nationaux et espéraient lui forcer la main et l'obligera annexer l'archipel : depuis deux ans, la République d'Hawaï joue le rôle, passablement ridicule, d'un pays qui demande à être incorporé à un autre qui n'en veut pas. Si beaucoup de *jingos* américains seraient heureux d'étendre l'influence de la Confédération dans le Pacifique, une partie plus calme de l'opinion repousse toute annexion en dehors de l'Amérique, surtout lorsqu'il s'agit d'un petit archipel à population bigarrée où les conflits de race sont perpétuels et pourraient entraîner des difficultés extérieures.

Il y a de par le monde beaucoup de pays bilingues, trilingues même comme la Suisse, mais les populations de différente origine occupent en général des territoires distincts. Je ne crois pas qu'il existe une seule contrée où l'on puisse voir autant de races diverses qu'à Hawaï, vivant entremêlées dans les mêmes villes et les mêmes campagnes, mais à ce point distinctes que, lorsque le gouvernement veut se faire bien entendre de tous, — pour réclamer le paiement des impôts, par exemple, — il fait afficher ses avis en cinq langues : anglais, hawaïen, portugais, chinois et japonais. Les pauvres indigènes ne sont plus aujourd'hui qu'une minorité sur la terre de leurs ancêtres. De 200000 qu'ils étaient lorsque Cook découvrit leurs îles, ils sont tombés à moins de 40000, portant la peine de la facilité avec laquelle ils se mêlaient aux autres races, et succombant en foule aux maladies et aux vices que leur apportaient les aventuriers blancs et jaunes : la lèpre, la phtisie, bien d'autres fléaux encore, joints à l'usage immodéré des boissons alcooliques, voilà ce qui a produit la décroissance des Hawaïens comme des hommes de même race qui habitent toute la Polynésie, et non je ne sais quelle loi mystérieuse de la disparition d'une race inférieure devant une race supérieure. Ceux mêmes qui leur ont voulu du bien, comme les missionnaires, ont souvent aggravé les maux qu'ils espéraient guérir, en imposant aux indigènes de brusques changements d'habitude et l'usage de vêtements compliqués. Lorsque les Européens ont voulu mettre en valeur les ressources naturelles des îles, ils se sont aperçus qu'ils avaient détruit un instrument nécessaire sous ces climats trop chauds pour leur permettre de travailler. Ils ont alors amené d'abord des Chinois, puis, voyant de redoutables concurrents dans ces patients travailleurs, des Européens acclimatés, des Portugais des Açores, qui prospèrent, d'ailleurs, admirablement, et sont devenus en grande partie petits propriétaires après avoir travaillé aux plantations des Américains. Depuis quelques années, d'autres Jaunes viennent en foule auxquels on n'ose interdire comme aux Chinois l'entrée de l'archipel, parce qu'ils ont des canons et savent s'en servir. Bref 40000 indigènes et métis, 24000 Japonais, 15000 Chinois, 13000 Portugais, 4000 Américains, 3000 Européens — Anglais et Allemands surtout, avec quelques Norvégiens, Français et Italiens — voilà l'extraordinaire mélange de races qui peuple Hawaï. Peut-être les blancs s'apercevront-ils bientôt qu'ils ont travaillé pour d'autres que pour eux.

Les indigènes polynésiens sont submergés dans cette foule ; ce n'est pas ici qu'on peut les bien voir : mais à Samoa, où j'accoste huit jours plus tard, il n'en est plus de même. A peine arrivons-nous en rade de la petite ville d'Apia, où vivent presque tous les trois cents Européens de l'archipel, que nous sommes entourés des barques des indigènes qui s'offrent à nous conduire à terre. Les bateliers montent sur le pont, de beaux hommes, très grands, musculeux, d'une couleur de bronze clair, les traits presque européens, les cheveux bizarrement teints en blanc par la chaux ou en roux par la poussière de corail, une couronne de feuillage sur la tête, les reins ceints d'un simple pagne qui laisse voir les plaques bleues de leur tatouage sur le dos et les jambes. A terre, la ville européenne n'est qu'une rue le long de la plage ; tout autour, les cocotiers ombragent de leurs palmes vertes, balancées en haut des grands troncs élancés, les langues de sable jaune qui s'avancent dans le bleu profond de la mer, aussi bien que les pentes des collines assez élevées qui la dominent ; sous les arbres, dans leurs grandes huttes ovales, au toit en forme de calotte que supportent des piquets de deux pieds de haut, et dont une mince cloison de jonc ne ferme qu'une partie du pourtour, des indigènes dorment ou causent, la tête appuyée sur une bûche de bois en guise d'oreiller ; dans un ruisseau qui descend à la mer, des femmes et des enfants se baignent en jouant. C'est bien le cadre idyllique du *Mariage de Loti,* car toutes ces îles enchanteresses de la Polynésie, Tahiti, Samoa, Tonga, se ressemblent. Ici du moins il y a peu de blancs ; point de Chinois ; et l'on est agréablement surpris d'apprendre que le nombre des indigènes s'accroît au lieu de diminuer. Les deux défauts de ces gens si gais, si aimables, sont la paresse et l'amour de la guerre : les Anglais et les Allemands qui font à Samoa le commerce du coprah ont dû importer des îles Salomon, dans le voisinage de la Nouvelle-Guinée, des travailleurs dont la peau foncée, les cheveux laineux et le visage prognathe contrastent avec le beau type des Samoans. Ceux-ci, vivant de racines et de fruits, dédaignent toute occupation, à moins qu'ils ne se battent : les guerres des fidèles du vieux roi Malietoa, qui vit paisiblement près d'Apia dans une jolie villa à l'ombre des cocotiers, et des partisans de son rival Mataafa ont rempli les trois îles de l'archipel pendant ces dernières années, sans heureusement les ensanglanter beaucoup. Samoa, moins important qu'Hawaï, avec ses 35000 habitants, presque tous indigènes, est sous un triple protectorat anglais, allemand et américain ; mais le gouvernement des Etats-Unis se désintéresse de plus en plus de ces terres lointaines. Après les avoir quittées, nous apercevons encore dans le lointain les îles Tonga, ou des Amis, le dernier archipel indépendant de l'Océanie. Une fois le cent-quatre-vingtième méridien franchi, nous sommes dans les parages où domine exclusivement la Grande-Bretagne.

En arrivant à Auckland, après plusieurs mois passés en Amérique, j'éprouvai l'impression d'être revenu en Europe, et de débarquer dans un port anglais. Dans cette ville, située presque exactement aux antipodes de Séville, le caractère exclusivement britannique de la population saute aux yeux, non seulement par les types des passants rencontrés dans les rues, mais par l'aspect général de la ville et des environs. Plus de ces immenses maisons à dix, quinze, dix-huit étages, comme on en voit même dans les villes secondaires d'Amérique ; plus de tramways électriques sillonnant toutes les voies importantes, mais des rues calmes quoique assez animées, et bien tenues ; dans les environs, sur les pentes de la colline volcanique du mont Eden, ou sur les rives rocheuses de la baie, les *cottages* en bois des habitants, avec leurs petits jardins, plantés d'arbres verts et cachés aux regards indiscrets des passants par des haies aux feuilles persistantes, ou de simples clôtures en bois. La position de la ville est excellente, à la racine de la longue et étroite péninsule que l'île septentrionale de la Nouvelle-Zélande projette vers le nord, sur une grande baie profonde, abritée par des îles et des promontoires des tempêtes du large, et à trois kilomètres seulement d'un autre port, sur la côte opposée de la péninsule, dont l'entrée est malheureusement obstruée par une barre de sable ; les Anglais ont, certes, bien choisi le lieu de leur premier établissement en Nouvelle-Zélande.

En même temps que le type anglais des choses et des gens, d'autres caractères me frappaient que je devais retrouver dans toute l'Australasie : ainsi, l'insignifiance de l'élément indigène, dont on ne rencontre presque aucun représentant à Auckland. Les colonies australiennes devraient à cette circonstance le bonheur d'ignorer les querelles de race, si la présence de Chinois, qu'on rencontre en grand nombre dans les bas quartiers, ne révélait l'existence, non pas encore d'un péril, mais du moins d'une question jaune qui se pose partout sur les côtes du Pacifique. L'un des principaux éléments de prospérité de l'Australie et de la Nouvelle-Zélande, les gisements de métaux précieux, m'était encore signalé par la spéculation locale sur les mines d'or des districts de Thames, situées à quelque quinze lieues d'Auckland, au-delà du golfe d'Hauraki. En revanche, l'autre grande source de richesse de ces pays, l'élevage du mouton, n'existe guère dans cette partie de la Nouvelle-Zélande.

L'ensemble des grandes colonies britanniques des Antipodes, que les Anglais désignent sous le nom d'Australasie, forme un tout remarquablement homogène, sans rien du mélange extraordinaire de races que l'on trouve aux Etats-Unis : les mêmes éléments de prospérité ont favorisé leur développement, les mêmes causes de force et de faiblesse se trouvent dans les sociétés qui s'y sont constituées. Toutefois, l'histoire de leur formation et même leur état actuel sont caractérisés par quelques différences qui tiennent à la nature des lieux, du sol et du climat, aussi bien qu'à l'a diversité des populations indigènes que les hommes de notre race ont rencontrées d'une part en Australie, de l'autre en Nouvelle-Zélande lorsqu'ils sont venus s'y établir, il y a un siècle à peine. Sur une carte, le contraste entre le massif continent australien, dont la moitié appartient à la zone torride, et les îles aux côtes capricieusement découpées de la Nouvelle-Zélande, frappe d'abord les yeux, et l'esprit conçoit aussitôt les diversités de climat et de végétation qui doivent résulter des différences géographiques.

L'archipel de la Nouvelle-Zélande, situé aux antipodes de l'Espagne et du golfe de Gascogne, comprend deux grandes îles et à l'extrême sud la petite île Steward, et s'étend sur une surface égale à la moitié de celle de la France. Malgré sa taille exiguë c'est une terre de violents contrastes et d'étrangetés. Dans l'île du Nord, à la même distance de l'Equateur que l'Andalousie et la Sicile, on trouve le même climat favorisé, un peu plus doux même en hiver, un peu moins chaud en été, tandis qu'à l'extrémité de l'île du Sud, où la latitude correspond à celle de la Bretagne, les immigrants d'Ecosse, qui l'ont surtout peuplée, s'ils ont un peu moins de brume et de froidure en hiver, n'ont pas à subir des étés plus chauds que ceux de la mère patrie.

La côte du sud-ouest est découpée en fiords profonds, où les montagnes tombent droit dans la mer, et qui surpassent même ceux de la Norvège, grâce à la variété et à l'exubérance de la végétation qui recouvre leurs bords partout où le rocher n'apparaît pas à nu. D'immenses glaciers, dont le plus grand a 30 kilomètres de long sur 2 de largeur moyenne, y descendent jusqu'à 200 mètres à peine au-dessus du niveau de la mer, au milieu des forêts toujours vertes. Le plus haut sommet des « Alpes » néo-zélandaises, le mont Cook, atteint 3700 mètres, 1100 de moins que le Mont-Blanc ; mais, dans le sud de la Nouvelle-Zélande, la ligne des neiges perpétuelles est plus basse qu'en Suisse, et l'ensemble de la chaîne de montagnes, vue des plaines de Canterbury, qui s'étendent au pied du versant oriental, n'est pas moins grandiose que les véritables Alpes. Les grandes nappes d'eau qui s'allongent dans les vallées méridionales des mêmes montagnes ajoutent encore à la ressemblance, et les bords du lac Wakatipu ou du lac Te-Anau ne le cèdent guère en beauté à ceux du lac des Quatre-Cantons. L'île du Nord contient moins de sites imposants que l'île du Sud, mais elle est plus étrange, grâce aux extraordinaires phénomènes qu'y font naître les forces volcaniques toujours en activité. Les environs du lac de Rotoroua sont semés de geysers, de sources chaudes, de mares de boue bouillante ; dans le vallon de Whakarewarewa, les colonnes de vapeur sortant de terre s'élèvent de tous côtés. Malheureusement le plus beau de ces sites a été détruit il y a dix ans. La Terrasse blanche et la Terrasse rose, se faisant vis-à-vis sur les deux rives du petit lac de Rotomahana, étaient une merveille unique au monde. Formées par les incrustations séculaires des sources minérales, elles descendaient en gradins vers le lac, au milieu des fougères arborescentes ; l'eau bouillante des geysers qui les dominaient et d'autres sources du voisinage alimentaient le lac qui se déversait dans un autre situé plus bas par un large ruisseau d'eau chaude. La nuit du 9 au 10 juin 1886, une colline que nul ne croyait être un volcan s'entr'ouvrit tout à coup, vomit de la lave et des cendres ; de violentes secousses de tremblements de terre se succédèrent de dix en dix minutes. Lorsque le jour se leva, le 10 juin, à midi seulement, le lac de Rotomahana n'existait plus : toute la luxuriante végétation des environs avait disparu ; cent personnes avaient péri. Aujourd'hui de mornes champs de lave s'étendent à la place des fameuses terrasses, et, dans le pays environnant, les tranchées des routes permettent de voir que le sol primitif a été recouvert de près d'un pied de cendre. Il existe encore plusieurs terrasses blanches, moins belles que celle qui a été détruite, mais la Terrasse rose était unique. Les geysers de Whakarewarewa et de Wairoki, les fumerolles, les sources chaudes répandues à profusion ne suffisent pas encore à l'échappement des vapeurs souterraines ; les tremblements de terre y sont très fréquents et au centre de l'île se trouve un grand massif volcanique dont l'activité n'est pas tout à fait éteinte. On l'aperçoit de loin, en arrivant du nord, lorsqu'on traverse l'île en voiture ; la masse énorme du Ruapehu se dresse à 2700 mètres, couverte de neige en hiver sur la moitié de sa hauteur, flanquée à droite du cône régulier du Ngauruhoe, d'où s'échappe une spirale de vapeur, et du cône tronqué du Tongariro, étincelants de blancheur eux aussi et dominant les eaux bleues du lac Taupo. Le coup d'œil paraît d'autant plus imposant qu'on a traversé pendant de longues heures de mornes plateaux mamelonnés, couverts seulement de fougères, où de rares lambeaux de bois attachés aux flancs de quelques collines sont tout ce qui reste des anciennes forêts qu'ont ravagées les incendies.

La végétation, là où elle subsiste encore, est ce qu'il y a de plus magnifique à la Nouvelle-Zélande. Tous les arbres indigènes sont à feuilles persistantes, mais ils n'ont pas l'uniformité, la raideur qui rend trop souvent tristes les forêts de pins et de sapins des pays du Nord, et leurs feuillages ont les teintes les plus variées du vert. Le plus beau de ces arbres, le kauri, qui atteint parfois quarante mètres de hauteur, dont les premières branches se détachent du tronc à vingt mètres, ne pousse plus aujourd'hui que dans la longue péninsule septentrionale, au nord d'Auckland ; son aire était bien plus étendue jadis, comme en témoigne la curieuse industrie de la gomme fossile : l'extraction de cette résine de kauri enfouie dans le sol, et provenant d'anciennes forêts, est une des industries importantes du pays. Dans l'année 1893, il en avait été retiré plus de 8000 tonnes valant 6 millions et demi de francs, et la valeur totale de la gomme extraite depuis quarante ans atteint 170 millions. C'est une matière assez semblable à l'ambre par son aspect et les usages auxquels elle se prête. Le kauri est le plus grand, le plus utile des arbres de la Nouvelle-Zélande ; les autres bons bois de construction y sont rares. Mais c'est le sous-bois, plus encore que les arbres de haute futaie, qui fait le charme et la beauté de ces forêts. J'en fus émerveillé, surtout, dans un petit bois séparé seulement par un pli de terrain du sinistre vallon de Tikitere, au sol nu et jauni, troué de solfatares, entrecoupé de mares de boue huileuse, que de gros bouillons soulèvent lourdement pour en laisser échapper des vapeurs fétides. A trois cents mètres de ce site désolé, je me trouvais au milieu des fougères arborescentes, dont les grands troncs s'élèvent jusqu'à quinze ou vingt pieds pour s'épanouir en une couronne d'immenses frondaisons ; parmi toutes les espèces variées se distingue la *silver-fern*, avec l'envers de ses feuilles d'un blanc d'argent. Des lianes qui entrelacent le sous-bois en font un fourré aussi inextricable qu'en une forêt vierge des tropiques ; les troncs des grands arbres jaillissent tout droit, entourés d'une dentelle de délicates fougères grimpantes ; et d'autres fougères encore tapissent partout le sol. De l'autre côté du bois, au fond d'un ancien cratère aux pentes abruptes, mais verdoyantes, dort un petit lac d'un bleu laiteux, qui jadis était bouillant, s'il faut en croire la tradition.

Ce pays, d'une végétation si riche, était, avant l'arrivée des Européens, d'une étonnante pauvreté en animaux : point d'autres mammifères que des rats et les chiens des indigènes, point de serpents non plus, quelques lézards ; les oiseaux avaient d'assez nombreux, mais étranges représentants. Le plus extraordinaire était le *moa*, gigantesque animal coureur, aux ailes rudimentaires, comme l'autruche, et proche parent de l'*Epyornis* de Madagascar, île avec laquelle la Nouvelle-Zélande offre plus d'une curieuse analogie sous le rapport de la flore et de la faune. Le moa est aujourd'hui une espèce éteinte ; mais ses os énormes et ses plumes même se trouvent dans nombre de cavernes, et on suppose que sa disparition est très récente. J'ai vu dans les musées des villes de la Nouvelle-Zélande plusieurs exemplaires de son squelette haut de quatre mètres et de ses œufs longs d'un pied. Il reste aujourd'hui quelques petits oiseaux de la même famille, les kiwis ou *aptéryx*, et les weka, incapables de voler. L'absence des oiseaux chanteurs rend tristes les belles forêts de la Nouvelle-Zélande ; mais les perroquets abondent. L'un d'eux, le kea, a donné un curieux exemple d'évolution des instincts ; c'est un des plus redoutables ennemis des éleveurs de moutons. Il s'abat sur le dos des animaux, arrache la laine, déchire les chairs et va droit sans hésiter à la graisse qui entoure le rein, dont il se nourrit, sans toucher aux autres parties de l'animal. L'introduction du mouton en Nouvelle-Zélande date de moins d'un siècle, et le kea, qui est un oiseau indigène, ne pouvait vivre auparavant que d'insectes : c'est un curieux mystère que ce changement de régime et la formation de ce nouvel instinct.

Les hommes qui peuplaient seuls la Nouvelle-Zélande avant l'arrivée des Européens ne sont pas moins étranges que les animaux, les plantes et le sol lui-même. Les Maoris font partie de cette intéressante et quelque peu mystérieuse race polynésienne qui peuple tous les archipels du Pacifique oriental. Il suffit de les voir pour le reconnaître, et leur langue le prouve aussi. Lorsque Cook, en 1770, explora les côtes de la Nouvelle-Zélande, un indigène de Tahiti qu'il avait emmené, lui servit d'interprète. J'ai entendu moi-même, aux îles Hawaï, un de mes compagnons de voyage, colon de la Nouvelle-Zélande, s'adresser en maori aux indigènes qui comprenaient sans difficulté cette langue d'un pays dont deux

17

mille lieues les séparent. D'après les traditions et les arbres généalogiques conservés par les prêtres, les Maoris ne seraient en Nouvelle-Zélande que depuis vingt-sept générations, c'est-à-dire depuis le XIIIe siècle. Ils quittèrent, disent-ils, l'île de Hawaïki, à la suite d'une guerre civile, s'embarquèrent dans deux grands canots, *Tainui* et *Arawa*, et abordèrent en deux points qu'ils désignent nettement sur la côte nord-est de l'île septentrionale de la Nouvelle-Zélande, la seule où ils aient jamais formé une population assez dense. On conserve, au musée de Wellington, capitale de la colonie, un morceau de bois qu'on dit avoir appartenu au *Tainui*. La position exacte de l'île de Hawaïki reste douteuse : c'est évidemment la même île dont disent venir les habitants d'Hawaï qui ont, racontent-ils, nommé leur nouvelle patrie en souvenir de l'ancienne ; l'opinion la plus généralement admise, c'est qu'Hawaïki n'est autre que Savaii, la plus grande des îles Samoa.

Les Maoris ont singulièrement changé de genre de vie après leur émigration : ils sont, comme le Kea, devenus féroces. Tous les archipels polynésiens ont été déchirés par des guerres fréquentes ; mais à la Nouvelle-Zélande la guerre ne cessait jamais. C'était la pensée constante, le plaisir même de tous les indigènes ; la *vendetta* était une obligation rigoureuse et la tribu entière prenait fait et cause pour celui de ses membres qui avait été outragé par une tribu voisine. Leurs ennemis une fois vaincus, ils mangeaient les morts et les prisonniers : c'était une croyance commune qu'en se nourrissant du cœur et du cerveau d'un ennemi, on acquérait son courage et son intelligence. Les habitations des chefs étaient ornées des têtes fumées et momifiées des vaincus. Sans doute, l'absence de tout mammifère dans le pays avait contribué à faire naître le cannibalisme. Sous le climat humide et relativement froid de la Nouvelle-Zélande, les Polynésiens ne pouvaient se contenter de fruits et de racines comme dans les archipels équatoriaux, et la chair humaine pouvait seule leur fournir une nourriture animale. Malgré leur férocité et quoiqu'ils ignorassent l'usage des métaux, les

Maoris n'étaient pas des sauvages : ils cultivaient les patates qu'ils avaient apportées d'Hawaïki, tissaient avec les fibres du *Phormium tenax* les grands manteaux dont ils se vêtaient et qui étaient couverts de plumes pour les chefs. Leurs armes étaient des haches de pierre polie fixées à un manche en bois à l'aide de fibres de phormium ; avec leurs outils, en pierre aussi, ils exécutaient des ciselures si délicates qu'on a cru longtemps qu'ils connaissaient, sans vouloir l'avouer, l'usage des métaux : les proues et les poupes de leurs grands canots de guerre, dont j'ai vu un exemplaire long de 25 mètres, étaient ainsi ciselées et incrustées de nacre, de même que les parois des maisons des chefs et des *whare-puni* ou maisons d'assemblée des tribus dont l'une, conservée au musée de Wellington, a 13 mètres de long sur 5 de large et 3m,50 de hauteur au centre. Ils sculptaient même le corps humain, se couvrant de tatouages compliqués, qu'il fallait se reprendre à cinq fois pour compléter ; les chefs portaient ainsi sur leur visage leur blason et leur généalogie. Aujourd'hui encore beaucoup de femmes se tatouent les lèvres et le menton. Les Maoris avaient une mythologie : outre les dieux principaux, ils croyaient à des esprits cachés dans chaque objet de la nature. Certains de leurs mythes ne manquaient pas de grâce. Ainsi le ciel était pour eux l'époux de la terre qui, séparé d'elle, verse des larmes que nous appelons pluie et auxquelles la terre répond par des soupirs qui sont les brouillards.

Les premières rencontres des Européens avec ce peuple intelligent, mais féroce, furent sanglantes : dès 1643 l'équipage d'un canot du navire de Tasman fut massacré et aucun blanc n'aborda plus en Nouvelle-Zélande jusqu'en 1769. Cook put alors échapper à la mort grâce à ses fusils et parvint plus tard à entrer en relations avec les indigènes ; ils refusaient ses cadeaux, et lui demandaient ses armes à feu ; se procurer des fusils devint dès lors l'idée fixe des Maoris ; ils en obtinrent quelques-uns des baleiniers qui commençaient à fréquenter ces mers. Un chef, Hongi, après avoir visité Sydney, se fit conduire en 1820 en Angleterre, et en revint avec des présents de George IV qu'il échangea en Australie contre des armes à feu. Les guerres entre tribus, relativement peu meurtrières avec les anciennes armes de pierre, devinrent dès lors d'épouvantables massacres : en un seul jour, Hongi tua sept cents de ses ennemis, dans une île du lac Rotoroua ; son rival, Te Rauparaha, qui s'était procuré lui aussi des fusils en envoyant un de ses cousins faire le voyage d'Angleterre, extermina presque entièrement les Maoris de l'île du Sud. Dans cette période, d'assez nombreux aventuriers blancs s'étaient mis à vivre parmi les tribus, adoptant les mœurs des indigènes et désignés à cause de cela sous le nom de *Pakehas-Maoris* ou Maoris-étrangers ; ils étaient bien reçus, parce qu'ils savaient entretenir et réparer les armes et jouaient un rôle important dans les guerres.

Jusqu'en 1840, il ne vint pas se joindre à ces aventuriers d'autres blancs que des missionnaires dont les premiers étaient arrivés vers 1814 ; s'ils ne purent déterminer leurs féroces convertis à cesser de s'entre-tuer, ils les détachèrent du moins peu à peu du cannibalisme, en introduisant des animaux domestiques qui prospérèrent. C'est à leur instigation que les principaux chefs signèrent en février 1840 le traité de Waitangi, par lequel la Confédération des Tribus-Unies de la Nouvelle-Zélande acceptait le protectorat anglais. A ce moment même la France se préparait à prendre possession des îles. Une Compagnie nanto-bordelaise de la Nouvelle-Zélande, fondée en 1837, avait acquis l'année suivante, d'un capitaine baleinier, Langlois, quelques centaines d'hectares de terre, qu'il avait achetés aux Maoris d'Akaroa dans l'île du Sud. A la demande de cette société et d'un de ces aventuriers comme il y en a tant dans notre histoire, le baron Thierry, qui avait essayé de se créer un royaume en Nouvelle-Zélande, le gouvernement français envoya la corvette l'*Aube* chargée de prendre possession de l'île du Nord, puis de celle du Sud et le transport *Comte-de-Paris* qui devait débarquer soixante émigrants à Akaroa. L'*Aube* arriva trop tard, en juillet 1840 ; le gouverneur anglais déclara que la possession de l'île du Nord entraînait celle de l'île du Sud et envoya aussitôt un navire de guerre planter le drapeau britannique à Akaroa. Quelques-uns des émigrants du *Comte-de-Paris* y restèrent pourtant, et de nombreux noms français s'y trouvent encore. La Nouvelle-Zélande, si salubre et dont le climat est si voisin du nôtre, aurait été pour la France une admirable colonie ; on est malheureusement en droit de se demander si nous aurions eu assez d'esprit de suite pour en poursuivre le développement, pour ne pas abandonner même cette terre éloignée où il fallut pendant trente ans batailler avec les indigènes.

Aussitôt que les Européens arrivèrent en nombre et firent mine de s'établir à demeure, la guerre commença. C'est la question des achats de terre qui fut l'origine de presque tous les conflits : le sol était la propriété collective des tribus, dont plusieurs prétendaient souvent avoir des droits sur le même territoire ; d'autre part des colons avaient fréquemment acheté de bonne foi des terres à des individus pour les cultiver. Aussi la lutte fut-elle plutôt, sauf peut-être de 1860 à 1870, une série de soulèvements locaux qu'une guerre nationale. Elle fut des plus sanglantes, quoique les Maoris respectassent désormais les morts et traitassent bien les blessés. Embusqués dans les bois ou retranchés dans leurs *pa* entourés de palissades, et construits avec une véritable science de la fortification, mettant en œuvre toutes sortes de ruses pour tromper leurs ennemis, les indigènes soutinrent souvent le choc de forces anglaises très supérieures. L'affaire du *pa* de la Grille, en 1864, est une des plus typiques de cette guerre. Le général Cameron avec 1700 Anglais s'y heurta à 200 Maoris et égara d'abord son feu sur un retranchement ébauché et surmonté d'un pavillon, à 100 mètres sur le côté de la forteresse. Quand il eut enfin découvert la ruse et fait brèche avec son canon, le feu des défenseurs cessa, comme s'ils décampaient, pour ne reprendre que lorsque les assaillants furent presque à bout portant. Entrées pourtant dans le fort, mais fusillées au milieu des retranchements intérieurs, les troupes anglaises furent prises de panique et s'enfuirent en laissant plus de cent des leurs sur le terrain. Les Maoris s'esquivèrent pendant la nuit par petits groupes, et les Anglais trouvèrent le lendemain, parmi de nombreux morts, un soldat blessé, encore vivant, près de qui était une écuelle pleine d'eau que les Maoris avaient dû chercher en traversant deux fois les lignes ennemies.

La guerre, presque ininterrompue de 1860 à 1870, avait eu pour cause la décision prise par un gouverneur de traiter pour l'achat des terres avec les occupants de fait sans tenir compte des droits des tribus. L'établissement, dès 1865, d'une cour spéciale pour déterminer ces droits conformément aux coutumes indigènes contribua beaucoup à la pacification. Pourtant il y eut encore, même après 1870, quelques troubles sérieux, occasionnés par la secte religieuse des Hauhaus, qui prétendait combiner le christianisme et l'ancien paganisme ; en 1881 on dut envoyer 2000 hommes pour arrêter un prophète, Te Whiti. Enfin en 1883, le roi Tewhiao, reconnu pour chef par presque toutes les tribus de l'île du Nord, se réconcilia avec le gouvernement, et des ingénieurs purent traverser le district sauvage et jusqu'alors dangereux du « Pays du roi » pour y étudier un tracé de chemin de fer. Aujourd'hui, la sécurité est complète dans la Nouvelle-Zélande, dont les districts les plus reculés sont parcourus par des services de voitures publiques ; il ne s'y trouve même plus de troupes anglaises.

Devant l'énorme majorité de la population européenne toute tentative de révolte serait vaine, et les indigènes le savent. Dès 1863, il y avait en Nouvelle-Zélande 160000 blancs contre 50000 à 60000 Maoris, et même dans l'île du Nord, les premiers l'emportaient en nombre. Depuis, les Européens sont devenus beaucoup plus nombreux, les indigènes ont décru. De 100000 qu'ils étaient sans doute au commencement du siècle, il n'en reste plus aujourd'hui que 42000. Leur ardeur à s'entre-détruire, les maladies, le changement d'habitudes ont provoqué cette diminution, qui semble à peu près enrayée aujourd'hui. Ils sont chrétiens, s'habillent pour la plupart à l'européenne ; leurs enfants fréquentent les écoles ; presque tous savent lire et écrire en maori, et le plus grand nombre parlent aussi l'anglais. On n'en voit presque pas dans les villes de la côte ; mais lorsqu'on parcourt l'intérieur de l'île du Nord, leurs villages, semés de loin en loin sur les pentes des collines, sont à peu près les seules habitations qu'on rencontre. Ils vivent par petites agglomérations dans des cabanes spacieuses, à doubles parois de joncs, maintenues par des cadres en planches, surmontées d'un toit à double pente ; le faîte en est à huit ou dix pieds de hauteur, mais il descend sur les côtés à trois ou quatre pieds du sol, et forme en avant de l'entrée un auvent où les Maoris se tiennent le plus souvent. Les indigènes n'ont pas à se plaindre de la domination anglaise : ils possèdent plus de deux millions et demi d'hectares de terres dont beaucoup sont, il est vrai, situées dans les sols pauvres du centre de l'île du Nord. La plus grande partie de ces terres est la propriété collective des tribus qui se font des revenus importants en les louant aux Européens. La propriété individuelle existe pourtant aussi chez les Maoris, et la cour de justice spéciale qui s'occupe des questions relatives aux terres des indigènes a plusieurs fois, à leur demande, divisé certaines propriétés des tribus entre leurs membres. Cependant l'idée de la communauté des biens reste encore fortement enracinée : un journal néo-zélandais racontait, pendant mon séjour, qu'un Maori s'étant avisé d'organiser un service de voitures entre une petite ville et la gare voisine, tous les indigènes de sa tribu se crurent aussitôt le droit de s'en servir gratis et, lorsqu'il leur demandait le prix de leur place, ils lui répondaient que, s'ils devaient payer, ils pouvaient tout aussi bien se servir de la voiture des Pakehas (Européens). Devant cet état d'esprit, notre homme dut renoncer à son entreprise.

Les Maoris sont représentés au parlement de la Nouvelle-Zélande par quatre députés élus au suffrage universel, qui ont tous les droits de leurs collègues blancs. L'un d'eux, M. Hone Heke, est même l'orateur le plus disert de toute rassemblée et fort populaire parmi les colons. Les Anglais n'ont aucun préjugé de couleur contre les indigènes, et les coudoient partout sans répugnance. D'après le dernier recensement, 250 Européens avaient épousé des femmes maories et l'on comptait 4 865 métis, 650 de plus que cinq ans auparavant. Il semble bien que la destinée finale des indigènes soit d'être non pas détruits, mais absorbés dans la population blanche, dont le type n'en sera guère modifié, vu son énorme prépondérance.

Les indigènes ne forment plus qu'un seizième des habitants de la terre de leurs ancêtres : même dans l'île du Nord les colons sont sept fois plus nombreux qu'eux. Les 630000 qui, en 1891, se trouvaient en Nouvelle-Zélande n'y sont pas venus seuls. Ils ont amené avec eux les animaux, les plantes du vieux monde, auxquels le climat n'a pas été moins favorable qu'aux immigrants eux-mêmes. Sous cette invasion étrangère, le pays est devenu tout différent : des millions de moutons, des centaines de milliers de bœufs et de chevaux peuplent les pâturages de cette contrée où les mammifères n'étaient presque pas représentés : les poissons d'Europe remplissent les rivières : des oiseaux du vieux monde ont été introduits aussi. Plusieurs espèces de l'ancienne faune sont menacées de destruction, comme l'aptéryx, comme le rat maori lui-même, qui disparaît devant le rat d'Europe. La vigoureuse flore indigène a mieux résisté : malgré les incendies, malgré l'exploitation des forêts, souvent destructrice, les beaux arbres et les fougères de la Nouvelle-Zélande subsisteront pour lui conserver son individualité. Les plantes du pays ont dû cependant partager leur ancien domaine avec celles qu'ont importées les colons : les céréales, le tabac, les orangers dans l'île du Nord, les herbes même de l'Angleterre. Près des villes et des côtes, ce ne sont pas seulement les habitants, c'est le cadre même qui est devenu européen ou plutôt cosmopolite ; car, à côté des arbres indigènes et de ceux de l'Angleterre on peut y voir l'eucalyptus d'Australie et le gracieux pin ou araucaria de l'île Norfolk, dont la ramure régulière semble former une série de vasques, de plus en plus petites à mesure qu'elles sont plus près de la cime.

Les villes elles-mêmes, de moyenne étendue, bâties presque toutes au bord de la mer, en pente sur des collines où s'étagent des *cottages* entourés de jardins, que séparent des haies de grands géraniums et où fleurissent des camélias en pleine terre, sont des cités anglaises transportées sous un climat plus doux. Très calmes dans les hauts quartiers, assez tranquilles même dans ceux du port où se concentre le mouvement des affaires, elles n'ont pas l'exubérance des villes américaines, même moins importantes, ni tout leur luxe de moyens de communication mécanique ; elles paraissent plus âgées qu'elles ne le sont réellement, car aucune ne dépasse sensiblement la cinquantaine. La Nouvelle-Zélande a quatre centres principaux : deux dans l'île du Nord : l'ancienne capitale, Auckland, qui est encore la plus importante avec ses cinquante mille habitants et la nouvelle, Wellington, plus centrale, sur le détroit de Cook qui sépare les deux îles, mais peuplée seulement d'un peu plus de trente mille âmes. Les deux centres de l'île du Sud, Christchurch et Dunedin qui ne le cèdent l'une et l'autre que de quelques milliers d'habitants à Auckland, ont chacun leur physionomie particulière et portent encore l'empreinte de leur origine confessionnelle. Christchurch, la seule ville néo-zélandaise qui ne soit pas sur la côte, a été fondée en 1860 sous les auspices d'une association anglicane présidée par l'archevêque de Canterbury : elle s'élève au milieu des grandes plaines qui portent aujourd'hui le nom de la métropole de l'Eglise d'Angleterre, sur les bords d'une petite rivière tout anglaise d'aspect, aux rives ombragées de saules pleureurs, qui traverse avant d'entrer dans la ville un parc planté lui aussi d'arbres d'Europe. La cathédrale anglicane se dresse, seule, au milieu de la place qui forme le centre de la ville, témoignant ainsi des idées religieuses des premiers colons, arrivés d'Angleterre sous la conduite d'un évêque. Dunedin, la seule ville du monde plus rapprochée du pôle Sud que de l'Equateur, fut fondée quelques années plus tôt par « l'association de l'Eglise libre d'Ecosse ». Elle porte l'empreinte de son origine par ses nombreuses églises presbytériennes, d'un fort élégant style gothique, ses établissements d'instruction de toute espèce, le type et l'accent de ses habitants. L'action de l'esprit écossais est très sensible dans le développement de toutes les colonies australiennes, de la Nouvelle-Zélande surtout, d'où sont souvent partis, bien qu'elle soit la plus jeune, les courants d'opinion qui ont entraîné ses aînées.

II

Les îles de la Nouvelle-Zélande, aux capricieux contours, au relief mouvementé, semblent un morceau d'Europe jeté dans le Pacifique austral ; on leur a même trouvé, en supprimant par la pensée le mince détroit qui les sépare, une analogie de forme avec l'Italie. C'est à l'Afrique, au contraire, qu'il faut comparer l'Australie, pour sa massive lourdeur, ses côtes inhospitalières, ses déserts, et même le climat, sinon des parties voisines de la côte, du moins des régions de l'intérieur. Ce continent, d'une étendue égale aux quatre cinquièmes de l'Europe, a dans tous ses caractères quelque chose d'inachevé. Son système orographique et hydrographique est rudimentaire : une seule chaîne de montagnes digne de ce nom, dont le pic le plus élevé dépasse à peine 2000 mètres, s'allonge à une distance de cent à deux cents kilomètres de la côte orientale ; en arrière, tout l'intérieur n'est plus qu'un vaste plateau, de peu d'élévation, inclinant vers une dépression allongée, dont le fond est occupé par des marais et des lacs salins qu'un seuil sépare d'une des rares indentations importantes de la côte de l'Australie, le golfe Spencer : c'est une disposition géographique tout à fait semblable, sur une plus vaste échelle, à celle des grands chotts qui s'étendent au Sud de l'Algérie et de la Tunisie, en arrière du golfe de Gabès. Les cours d'eau côtiers, descendant des montagnes de l'est et des croupes qui terminent le plateau au nord et au sud, sont nombreux, mais de peu d'étendue. Dans l'intérieur, où les vents pluvieux n'arrivent guère, se trouvent seulement quelques lacs salés, le plus souvent à sec. Un seul système fluvial pénètre au loin vers le centre, c'est celui du Murray et de ses affluents qui prennent naissance sur le versant intérieur de la chaîne de montagnes orientale. Sur les cartes ces rivières forment une ramure imposante ; mais il faut en rabattre dans la réalité : tous ces cours d'eau dont les sources sont exposées aux longues sécheresses d'un climat brûlant, — on a vu le thermomètre s'élever à Bourke, sur le Darling, à plus de 50 degrés, — ont un régime fort irrégulier ; cependant, au printemps des bateaux plats peuvent remonter à plusieurs centaines de lieues de la mer, pour aller chercher les laines de l'intérieur. Le point extrême de la navigation sur le Darling aux hautes eaux est à 1 700 kilomètres de l'embouchure du Murray. Mais le manque de bonnes communications fluviales dans presque toute l'Australie n'en est pas moins une des grandes infériorités de ce continent.

La flore et la faune australiennes ont le même caractère inachevé et primitif que la terre qui les porte. Cette immense contrée a bien moins d'espèces végétales que l'archipel restreint de la Nouvelle-Zélande : l'eucalyptus est presque le seul arbre australien ; raide et peu gracieux avec ses branches tordues d'où pendent en longs rubans des lambeaux d'écorce et que terminent les maigres touffes d'un feuillage terne, vert sombre ou gris bleuâtre, il forme d'interminables forêts clairsemées où l'on trouve à peine de l'ombrage. L'île de Tasmanie tout entière, grande comme dix départements français, n'est qu'une seule forêt d'eucalyptus, et sur le continent australien l'eucalyptus couvre d'une façon continue des étendues plus considérables encore, surtout aux abords des côtes. Dans les vastes régions de pâtures du Murray et du Darling, de l'intérieur des colonies de Nouvelle-Galles et de Victoria, maint district ressemble à un parc avec les eucalyptus semés de place en place au milieu des plaines herbeuses. De grandes étendues de terrains arides sont souvent couvertes d'un impénétrable fourré d'eucalyptus rabougris : c'est le *mallee-scrub*, très difficile à défricher et impropre à tout usage. Dans les parties tempérées de l'Australie, on ne trouve d'autres arbres qu'au fond de quelques ravins où croissent des fougères arborescentes ; mais dans les régions tropicales de nombreuses espèces de palmiers viennent varier sur les côtes la monotonie des forêts d'eucalyptus. Cet arbre triste est des plus précieux : grâce à lui, les fièvres paludéennes sont inconnues dans presque toute l'Australie, qui est la contrée la plus salubre du monde. Il pousse avec une rapidité inconnue aux autres espèces. Aussi les Européens l'ont-ils adopté, et le *blue-gum* surtout, l'*eucalyptus globulus*, naguère relégué aux extrémités de la terre, a-t-il été répandu par eux sur le monde entier, dans le midi de l'Europe, dans le nord et le sud de l'Afrique, dans les deux Amériques.

La faune de l'Australie, aussi peu variée que sa flore, ne comprend guère que des types d'une organisation inférieure. Elle en est restée pour ses mammifères aux espèces qui vivaient en Europe et en Amérique au début des temps tertiaires, aux marsupiaux, représentés surtout par les Kangourous, dont il y a plus de cent espèces, depuis le Kangourou-rat jusqu'au Kangourou-géant qui pèse cent kilogrammes. Plus étrange encore, et moins perfectionné, est l'ornithorhynque, ce quadrupède aux pieds palmés, muni d'un bec et qui pond des œufs. Les oiseaux sont plus nombreux et plus divers, souvent très beaux, comme l'oiseau-lyre ; mais aucun n'est chanteur. Quelques grands oiseaux coureurs se trouvent encore dans les steppes de l'intérieur. Un des traits les plus importants de la faune australienne, c'est l'absence de carnassiers de grande taille. Trois espèces de marsupiaux carnivores et quelques serpents venimeux sont les seuls animaux nuisibles que les Européens y aient trouvés.

Les indigènes, en harmonie avec les types inférieurs de toute la nature ambiante, sont au degré le plus bas de l'échelle humaine. D'un noir plus sombre encore que les nègres africains, ils s'en distinguent par leurs cheveux bouclés et non crépus et les fortes barbes des hommes. Leur prognathisme est encore plus accentué. Essentiellement nomades, ils ne cultivent pas la terre et n'ont point de troupeaux, mais vivent de la cueillette des fruits et de la chasse : de leurs armes rudimentaires de pierre et de bois, l'une est célèbre : c'est le *boomerang*, morceau de bois recourbé qui revient vers celui qui l'a lancé après avoir frappé sa proie. Les primitifs Australiens n'ont d'autre religion que quelques coutumes superstitieuses ; leur langue, dont les dialectes sont nombreux, est un pauvre assemblage de sons confus et sourds, bien différent du clair et harmonieux idiome des Maoris : quelques savants pensent pourtant que, d'après leurs légendes, ils sont une race en décadence ayant connu jadis un état de civilisation relative.

Ces malheureux étaient incapables d'opposer une résistance sérieuse aux Européens ; leurs luttes avec eux ont été des chasses plutôt que des guerres et n'ont jamais nécessité la présence d'armées régulières. Les colons anglais les ont souvent traités avec barbarie, comme s'ils avaient été des bêtes fauves, et les ont repoussés vers les régions stériles de l'intérieur, où ils ont peine à vivre et décroissent chaque jour en nombre. Les misérables échantillons que j'en ai vus dans les plaines arides de l'Australie occidentale avaient des membres si décharnés que j'avais peine à comprendre qu'ils pussent se soutenir. Ceux du nord, des parties tropicales du Queensland surtout, sont plus forts, mais disparaissent aussi, à mesure que leurs meilleurs terrains de chasse passent entre les mains des blancs. S'ils ont opposé peu de résistance, ils n'ont guère pu rendre de services à la colonisation : quelques-uns sont employés par les grands propriétaires de bétail, mais ils se font difficilement à une vie à peu près sédentaire et leurs instincts nomades reprenant le dessus, ils s'en vont un beau jour sans donner d'autre raison que leur irrésistible envie de voyager. Dans le Queensland, on a formé aussi un corps de police indigène dont on se sert pour maintenir dans l'ordre les tribus turbulentes. Dans quelques dizaines d'années, il ne restera plus des sauvages australiens qu'un souvenir ; le métissage entre deux races aussi éloignées que les blancs et ces primitifs est rare, et ils auront eu moins

29

d'influence encore sur les destinées de l'Australie que les Peaux-Rouges sur celles des Etats-Unis.

III

C'a été une bonne fortune pour l'Angleterre que d'entrer un peu tard dans la carrière coloniale. Lorsqu'elle s'y est engagée au XVIIe siècle, les Espagnols, les Portugais, les Hollandais s'étaient emparés déjà de tous les territoires auxquels on attachait alors une grande valeur, de ceux qui produisaient des épices et des métaux précieux. Ce n'étaient point des colonies de peuplement, mais des colonies d'exploitation et des comptoirs commerciaux que recherchaient ces nations. Aussi le territoire qu'occupent actuellement les Etats-Unis fut-il négligé pour le Mexique et le Pérou, et de même l'Australie pour les îles de la Sonde. Les Anglais durent se contenter de ce qu'avaient délaissé leurs prédécesseurs, des terres vacantes, peuplées de tribus sauvages, qui ne contenaient, ou ne paraissaient contenir ni épices, ni métaux précieux, c'est-à-dire des régions tempérées de l'Amérique du Nord. Après avoir perdu ce premier empire, ils furent encore assez heureux pour trouver libre l'immense continent australien. Il était pourtant connu depuis longtemps, figurait déjà sur les cartes du XVIe siècle sous le nom de Java-la-Grande ; ses côtes avaient été explorées en détail par les Hollandais dans la première moitié du XVIIe siècle. Mais ils avaient dédaigné Java-la-Grande pour Java-la-Petite, le continent au climat inégal, à la végétation sombre et morne, aux côtes précédées de récifs dangereux, pour l'île luxuriante où le commerce des épices et le travail d'une nombreuse population indigène enrichissaient vite les Européens.

Les Anglais se trouvèrent ainsi maîtres de nouveau d'une terre qui n'offrait de grandes ressources ni par les plantes ni par les animaux qu'elle contenait lorsqu'ils l'occupèrent ; où l'existence de richesses minérales n'était pas soupçonnée ; où n'habitait point de nombreuse population que les blancs pussent faire travailler pour eux, mais qui se prêtait merveilleusement à l'immigration des hommes, des animaux et des plantes d'Europe. Ils ne semblent pas s'être rendu compte d'abord de l'importance de leur nouvelle possession, où ils s'étaient établis uniquement en vue d'y pouvoir déporter leurs forçats. Après la révolution d'Amérique, l'Angleterre a considéré quelque temps sa carrière coloniale comme terminée en dehors de l'Inde. Toutefois, cet état d'esprit dura peu, et, ce qui le prouve, c'est l'inquiétude que lui inspirèrent les nombreuses visites des vaisseaux français dans les mers australiennes à la fin du XVIIIe et au commencement du XIXe siècle. On a pu dire en effet que la France avait manqué de six jours l'empire de l'Australie : en 1788, moins d'une semaine après que le capitaine Philip eut débarqué à Botany-Bay, La Pérouse entrait dans le même port ; il n'est pas absolument certain, cependant, qu'il eût l'intention d'en prendre possession. Mais cette expédition fut suivie d'autres. En 1801, les navires le *Géographe* et le *Naturaliste*, sous les ordres du commandant Baudin, firent la circumnavigation de l'Australie et explorèrent surtout minutieusement l'angle sud-ouest du continent. Ils avaient été envoyés par le Premier Consul, qui, au milieu des préparatifs de la campagne de Marengo, avait eu le temps de donner des ordres pour que l'expédition fût bien pourvue de tout et accompagnée de nombreux naturalistes et astronomes : il prescrivait au commandant d'entrer en relations avec les populations et de bien examiner le pays. Malheureusement on explora surtout les parties les plus inhospitalières du continent, la côte aride et rocheuse de l'Australie de l'ouest, et l'on se contenta de nommer les divers points de la côte : c'est ainsi que sur une carte de 1812, j'ai vu le grand golfe Spencer, dans l'Australie du Sud, nommé golfe Bonaparte. Ce nom n'a pas subsisté, mais beaucoup d'autres ont été définitivement adoptés : la baie du Géographe et le cap Naturaliste témoignent notamment de la visite des vaisseaux français. Sous la Restauration, ces tentatives se renouvelèrent, toujours du côté de l'Australie de l'ouest. En 1826 le gouverneur de la Nouvelle-Galles du Sud, inquiet des projets des Français, envoya un officier anglais prendre formellement possession de la partie ouest du continent à King-George's Sound.

L'établissement australien commençait dès lors à prendre quelque importance : dès 1821, il comptait 35000 habitants, et trente ans plus tard, à la veille de la découverte des mines d'or, ce chiffre s'était élevé à plus de 400000. On oublie souvent que l'éblouissante prospérité de l'Australie, depuis qu'on y a trouvé des métaux précieux, avait été précédée et préparée par un développement agricole et pastoral fort important, auquel avaient donné principalement naissance les extraordinaires facilités qu'offre le pays à l'élevage du mouton, et qu'avaient favorisé l'habile usage que firent les Anglais de la transportation et l'excellent régime d'appropriation des terres qu'ils instituèrent.

La transportation est très décriée en France aujourd'hui, sans doute parce que nous n'avons jamais su nous en servir. Les Anglais au contraire en tirèrent le plus grand parti de deux manières : d'abord, en faisant exécuter par les convicts des travaux publics de tout genre, routes et défrichements, qui préparèrent le terrain à la colonisation libre ; plus tard et concurremment, en *assignant* les condamnés aux colons, qui pouvaient disposer de leurs services comme ils l'entendaient, à charge seulement de les nourrir et de les loger. La question de la main-d'œuvre, souvent très difficile aux débuts d'une colonie, à cause du désir des immigrants de devenir tous propriétaires le plus tôt possible et d'exploiter pour leur propre compte, se trouvait ainsi résolue d'elle-même. Le rapide développement de la population australienne prouve que la présence des convicts aux colonies n'en écartait pas l'immigration libre : de 1831 à 1841, alors que la transportation était encore en vigueur, le chiffre des habitants de l'Australie passait de 79000 à 211000. Les colons sentaient eux-mêmes fort bien tous les avantages que leur procurait alors la présence des forçats : la preuve en est que la chétive colonie de l'Australie de l'Ouest demanda d'elle-même, en 1850, que des convicts y fussent envoyés, et la transportation continua dans cette colonie jusqu'en 1868.

Elle avait été abolie dès 1840 à Sydney ; en 1842 dans le district septentrional de Moreton-Bay qui devint ensuite la colonie de Queensland ; en 1853 en Tasmanie. Très utile aux colonies dans la période de leur enfance, la présence des condamnés finit, fort naturellement, par devenir insupportable à une société déjà nombreuse, pourvue de tous les organes qui lui permettent de se soutenir par elle-même. L'Angleterre comprit alors que son devoir était de ne pas mécontenter les colons et s'inclina devant leur légitime désir.

D'autre part, ce fut la vente des terres à haut prix, qui fonda la prospérité de l'Australie Méridionale et du district de Port-Philip, qui se détacha en 1851 de la Nouvelle-Galles du Sud pour former la colonie de Victoria. Dans cette dernière région, dont la colonisation date de 1835, le prix des terres fut fixé à 63 francs par hectare dès 1840. Dans la partie centrale de la Nouvelle-Galles du Sud, le même prix, très élevé pour des terres vierges, fut adopté en 1843. L'Australie du Sud avait été fondée en 1836 par une société imbue des théories de E. G. Wakefield qui faisait reposer précisément toute la colonisation d'un pays neuf sur la vente à haut prix des terres : l'argent que se procurait ainsi le gouvernement devait être employé intégralement à subventionner l'immigration, les travaux publics étant effectués au début avec des emprunts gagés par les ressources futures de la colonie. Ce système d'emprunts était une chimère et Wakefield exagérait en prétendant consacrer tout le produit de la vente des terres à l'immigration subventionnée ; aussi son plan aboutit à la banqueroute. Il n'en est pas moins vrai que la vente à haut prix des terres est un excellent moyen de n'attirer que des immigrants munis de capitaux suffisants pour se livrer à une culture efficace, en même temps que de procurer d'importantes ressources à une société naissante, que des impôts élevés écraseraient : c'est aussi une façon de procurer de la main-d'œuvre aux colons, parce que les immigrants subventionnés à l'aide, sinon de la totalité, du moins d'une partie du fonds provenant de la vente des terres, sont le plus souvent obligés, à leur arrivée dans la colonie, de gagner d'abord, comme salariés, la somme assez élevée qui leur permettra ensuite de devenir propriétaires. Ce système ne s'appliquait qu'aux terres propres à la culture. Les terres plus éloignées des centres de colonisation et les steppes de l'intérieur furent d'abord concédées, puis louées, moyennant une redevance annuelle, à de grands propriétaires dont les troupeaux comptaient déjà en 1850, sous l'influence des conditions favorables de sol et de climat, 17 millions de moutons et 2 millions de têtes de gros bétail.

En 1851 la découverte d'immenses gisements d'or, d'abord en Nouvelle-Galles du Sud, puis en Victoria, vint changer complètement le caractère de la société australienne, jusqu'alors agricole et pastorale, soumise à l'influence prépondérante des grands propriétaires ou *squatters*. Elle rejeta dans l'ombre les anciennes ressources du pays et y attira une foule énorme d'immigrants tout différents des cultivateurs qui s'y étaient dirigés jusqu'alors.

Les anciens colons eux-mêmes abandonnèrent souvent leurs terres pour se faire chercheurs d'or : l'Australie du Sud, qui n'avait point de placers, se dépeupla au profit de sa voisine Victoria, dont les mines produisaient 275 millions de francs d'or dès l'année qui suivit leur découverte, en 1852 ; et 310 millions en 1853. La population de cette colonie, la veille encore district secondaire de la Nouvelle-Galles du Sud, quadrupla en cinq ans, dépassant aussitôt la « colonie mère », et Melbourne, qui, en 1851, n'avait que 23000 habitants, passa en dix ans à 140000, laissant bien loin derrière elle l'ancienne capitale, Sydney, qui s'accroissait pourtant aussi avec rapidité. La fièvre de l'or se produisit sur une moindre échelle dans le Queensland et la Nouvelle-Zélande en 1858, puis de nouveau dans la première de ces colonies en 1885. C'est de la découverte des métaux précieux que date la formation, dans chaque province australienne, d'une grande agglomération urbaine où se centralise toute la vie de la colonie. Même les régions qui ne furent pas atteintes directement par l'influence des découvertes de métaux précieux subirent cette transformation par contagion. C'est ainsi que l'Australie du Sud a sa grande ville dans Adélaïde, comme Victoria dans Melbourne, comme la Nouvelle-Galles du Sud dans Sydney et le Queensland dans Brisbane. La superbe façade que ces luxueuses cités constituent à l'Australie, n'est pas sans cacher plus d'une misère ; elle n'en frappe pas moins d'étonnement et d'admiration tous ceux qui l'aperçoivent.

De toutes ces grandes capitales, Melbourne est celle qui caractérise le mieux l'Australie, telle que l'ont faite les mines d'or. C'est une ville-champignon, une *mushroom city*, comme on peut en voir aux Etats-Unis ; dans le monde entier, elle n'est dépassée que par Chicago pour la rapidité de la croissance. La bourgade qui, en 1841, comptait 4 479 habitants, en avait 490 000 d'après le recensement de 1891. Les rues, larges de 30 mètres, du quartier central, parcourues par l'un des meilleurs systèmes de tramways à câble qui soient, bordées de hauts bâtiments de six, huit ou dix étages, rappellent les grandes villes américaines, mais avec plus de luxe : les voies sont bien pavées, les maisons sont en pierre au lieu d'être en briques, l'air n'est pas obscurci de fumée. Des boutiques élégantes bordent les plus belles des rues, Collins Street, Elisabeth Street, et sont précédées de marquises qui couvrent toute la largeur du trottoir et permettent de s'arrêter aux étalages et de circuler à l'abri de la pluie et du violent soleil de Melbourne. Mais tous ces brillants dehors sont un peu du clinquant, et l'on s'en aperçoit surtout aujourd'hui qu'une crise intense, provoquée par des spéculations insensées sur les terrains et de très graves imprudences des banques, s'est abattue sur l'Australie tout entière, principalement sur la colonie de Victoria et sa capitale. Lorsqu'on a voulu y entreprendre les travaux les plus nécessaires, qu'on avait négligés pour les œuvres d'apparat, l'argent a manqué. C'est ainsi qu'il n'y a pas d'égouts sous la plupart de ces superbes rues ; c'est ainsi

35

encore que, en plein centre de la ville, à côté d'un immense hôtel des postes, surmonté d'une haute tour et entouré d'arcades, le télégraphe est logé dans des masures en bois, que la gare n'est aussi qu'une misérable agglomération de baraques de bois à côté d'un palais en pierre de taille où sont installés les bureaux de l'administration des chemins de fer. Dans les faubourgs populaires, où loge la plus grande partie des habitants, les rues étroites et mal pavées contrastent avec les luxueuses artères du centre, et à quelques pas des beaux magasins d'Elisabeth Street s'entassent des masures en plâtras où vit une population interlope. Les traces de la crise actuelle se voient même dans les quartiers riches du sud-est : dans certaines rues, les deux tiers de ces jolies résidences entourées de jardins luxueux sont inhabitées, et les écriteaux qui portent l'inscription *to let*, à louer, se dressent de toute part au bout d'un poteau, surmontant la porte des jardins.

« La nature, disent les habitants de Melbourne, ne nous a rien donné : ce sont les hommes qui ont créé notre ville, tandis que Sydney est l'œuvre de la nature qui n'y a rien laissé à faire aux hommes. » Quoiqu'un peu excessive, cette opinion exprime bien la différence entre les deux plus grandes villes de l'Australie. Melbourne n'a qu'un médiocre port sur les rives boueuses et sans profondeur de la grande baie, d'ailleurs bien protégée, de Port-Philip. Depuis très peu d'années seulement, les grands paquebots-poste d'Europe peuvent venir accoster à Port-Melbourne, le faubourg du sud de la ville. Mais la proximité des gisements d'or de Ballarat et de Bendigo, plus encore que les hommes, a fait la grandeur de cette cité. Le site de Sydney, au contraire, était prédestiné avoir s'élever une grande ville, du jour où une race civilisée habiterait l'Australie.

Elle s'élève sur la côte méridionale de la magnifique baie de Port-Jackson, à mi-chemin de l'entrée et du fond de ce golfe étroit et ramifié, dont la profondeur est telle que des navires de 7 000 tonnes peuvent venir décharger au « quai circulaire », à vingt minutes de marche du centre même de Sydney. La salubrité des rives, la beauté de Port-Jackson, ne le cèdent en rien à l'excellence du mouillage. De Sydney à la mer, c'est sur la côte méridionale une succession d'anses profondes séparées par des promontoires rocheux, sur lesquels s'élèvent les villas des habitants aisés, jouissant de vues magnifiques, au milieu de leurs jardins pleins de fleurs et d'arbres variés qui viennent rompre la monotonie de l'éternel eucalyptus. La plus jolie de toutes ces anses est celle du jardin botanique, où croissent toutes les espèces de palmiers, d'araucarias, de fougères arborescentes du monde et d'où le regard s'étend au nord sur les jardins en pente de l'Amirauté et peut contempler le va-et-vient incessant des *ferry-boats* dans la baie : beaucoup de personnes habitent la rive septentrionale et se rendent en bateau à la ville : sur les eaux calmes et sous le doux climat de Sydney, où la gelée est aussi rare qu'à Palerme, et la pluie exceptionnelle en hiver, c'est le moyen de transport le plus agréable et le plus commode. Les bras très allongés et sinueux que Port-Jackson projette vers le nord, moins couverts d'habitations que les anfractuosités plus douces de la rive opposée, forment aussi de charmantes promenades. Ce qui manque seulement à ce paysage un peu trop doux, pour en faire l'un des plus magnifiques du monde, c'est, dans le lointain, un sommet saupoudré de neige, ou du moins une montagne de quelque hauteur. Un peu mièvre, tel qu'il est, il n'en justifie pas moins la fierté des habitants de Sydney, dont la première question à un étranger est toujours : « Que pensez-vous de notre port ? » Il faudrait avoir l'humeur bien difficile pour n'en point penser du bien, et l'on serait certes mal venu à le dire. La ville, moins prétentieusement élégante que Melbourne, est aussi moins banale ; elle est plus agréable, peut-être à un Européen qui, dans ses rues plus étroites et moins rigoureusement asservies à la ligne et à l'angle droits, se sent plus à l'abri du terrible soleil australien, et retrouve quelques traits des villes de l'ancien monde. Les maisons y sont d'une hauteur moyenne ; dans les vieux quartiers, sur les rochers qui dominent le port, on en voit encore qui datent du début du siècle. Le Parlement lui-même, au lieu de loger dans un palais

37

entouré d'un péristyle à colonnes, comme celui de Melbourne, n'a qu'une ancienne demeure, à figure de cottage, où il siège depuis son institution, il y a cinquante ans. Bref, Sydney ne donne pas, comme sa rivale, cette impression de ville surgie subitement du sol, sans passé, sans rien qui rappelle une tradition historique, si fatigante à la longue pour l'Européen en voyage dans les pays neufs.

L'Australie du Sud a aussi sa ville de plus de cent mille habitants, Adélaïde, bâtie dans une grande plaine, à quelques lieues de la mer ; c'est la plus chaude des cités australiennes, et les maisons de pierre blanche qui bordent sa large rue de King William Street, tout éblouissante de soleil sous le ciel d'un bleu sombre, font penser un moment à l'Orient. Les dattiers qui ornent la promenade de North-Terrace, et ceux qui sont épars dans le parc qui entoure complètement le centre de la ville et l'isole des faubourgs, ne font qu'accentuer cette impression. Mais malgré ses cent quarante mille habitants, c'est un peu une ville de province qui ne prétend pas rivaliser avec Sydney et Melbourne, les deux capitales de l'Australie.

IV

Il y a encore aujourd'hui une colonie australienne où l'on peut, non pas seulement voir les résultats qu'a produits la découverte de l'or en Australie, mais se faire une idée de ce qu'était ce pays dans les premières années des mines et de la transformation qu'il subit alors. C'est pour essayer de m'en rendre compte qu'en quittant Adélaïde j'allai passer quelques semaines dans la colonie jusqu'alors si délaissée de l'Australie de l'ouest, où le précieux métal n'a été découvert en quantités appréciables qu'en 1887 et surtout à la fin de 1892 ; c'est là aussi que se trouvent les traces les plus récentes de la transportation qui n'y a pris fin qu'en 1868. Sans doute on n'y voit qu'une image affaiblie de ce qu'était la grande fièvre de l'or à Ballarat et à Bendigo au milieu du siècle, car les mines n'y ont pas la même prodigieuse richesse, et le développement agricole qui a précédé la découverte des gisements métallifères est de beaucoup inférieur à ce qu'il était en 1850 dans les colonies de l'est, à cause de la médiocre qualité du sol. Néanmoins cette reproduction, même à une échelle réduite, de l'Australie d'il y a quarante ans est fort intéressante.

La colonie de l'ouest n'est pas reliée aux autres par le chemin de fer. Elle était si chétive jusqu'à ces dernières années, avec ses 50000 habitants, réunis presque tous à la pointe sud-ouest de son immense territoire, cinq fois plus grand que la France, qu'on n'avait pas jugé utile de construire 1 800 kilomètres de voie ferrée à travers des solitudes sans eau pour aboutir à un établissement d'aussi peu d'importance. Il est même probable qu'il se passera bien longtemps avant que le développement de l'Australie occidentale justifie la dépense que nécessiterait une pareille entreprise. Du reste, on se rend très facilement, en trois jours de navigation, de Port-Adélaïde à Albany, dernière escale australienne des grands paquebots européens ; c'est sur les bords d'un magnifique port naturel, le King-George's-Sound, rappelant par sa double rade la disposition du port de Toulon, une petite ville de 3000 habitants, toute surprise de voir débarquer tant de voyageurs depuis quelques années : on arrive à grand'peine à s'y loger en s'entassant à trois dans une chambre d'auberge. Sur une terrasse qui domine la mer sont quelques boutiques, quelques maisons neuves, que des banques y ont construites depuis la découverte de l'or dans la colonie ; beaucoup d'autres rues sont tracées, avec des trottoirs et des chaussées parfaitement tenus, mais les petites maisons s'y espacent à longs intervalles. Tout cela est tranquille, un peu vieillot ; les habitants eux-mêmes sont des gens de campagne dont l'expression est bien différente de celle des ouvriers, des anciens chercheurs d'or, des spéculateurs de Melbourne et de Sydney ; on rencontre plus d'une figure de vieux paysan, comme on n'est guère habitué à en voir en dehors de l'Ancien monde, et la petite église anglicane à la façade couverte de lierre, qui paraît bien plus que ses cinquante ans, semble avoir été apportée tout d'une pièce de quelque coin reculé de l'Angleterre. Les routes du voisinage, excellentes, bien qu'elles ne traversent qu'un pays granitique et pauvre, semé d'ailleurs d'une foule de magnifiques fleurs sauvages, restent encore comme témoignage des travaux des convicts et des services que la transportation a rendus à la colonie naissante.

Le chemin de fer vous mène en quinze heures d'Albany à Perth, capitale de la colonie, qui en est à quelque 400 kilomètres. Le pays est sablonneux, parfois marécageux, tout couvert de bois d'assez méchants eucalyptus, presque inhabité pendant la première partie du trajet. Voici ensuite quelques cultures, des céréales, un peu de vignes, des vergers ; aux gares, de paisibles agriculteurs un peu lourds. C'est ainsi, avec un peu plus d'animation, que devaient être les environs de Sydney il y a cinquante ans. Nous passons bientôt à la bifurcation de la ligne des champs d'or ; là presque tous mes compagnons de route, arrivés avec moi des colonies de l'est, descendent : ils vont attendre pendant deux heures assis sur leur bagage, car l'installation est des plus sommaires, le train qui se dirige vers les régions minières. Quant à moi, je veux d'abord jeter un coup d'œil sur Perth, la capitale de la colonie, et je reste dans le train qui s'y dirige à travers d'épaisses forêts de jarrah, le plus précieux des eucalyptus par son bois de construction, rouge et très dur, qui croît sur toute la côte occidentale d'Australie dans le voisinage de la mer.

Une petite ville poussiéreuse de 10000 habitants à peine, bâtie en pente douce sur le bord de la jolie rivière des Cygnes, qui forme un lac peu profond de 1500 mètres de large, voilà la modeste capitale de l'Australie de l'ouest. Les maisons sont petites, les rues médiocres et l'on s'étonne de voir un superbe hôtel de ville, digne d'une cité dix fois plus importante : c'est l'œuvre des convicts dont on aperçoit encore, à l'extrémité de la principale rue, l'ancien pénitencier. Cette rue commence à se border de quelques édifices importants — succursales de banques, sièges de sociétés minières, car Perth est en voie de transformation ; mais le malheur de cette ville, c'est d'être à trois lieues de la mer, sur une rivière sans profondeur — et de n'avoir pour port que la rade foraine de Fremantle, ouverte à toute la violence des vents d'ouest. C'est encore une autre petite ville de 6 000 âmes, en voie d'accroissement assez rapide comme la capitale, et rêvant de hautes destinées. Peut-être s'accompliront-elles, peut-être au contraire Fremantle et Perth retomberont-ils dans la médiocrité, car il y a sur la côte sud un port naturel, Espérance Bay, plus voisin des champs d'or et qui ne demande qu'à y être relié par un chemin de fer. Le jour où il serait construit, c'en serait fait de l'avenir de la capitale et de son port.

Lorsqu'on a passé deux jours à Perth, on en a épuisé toutes les curiosités et il est temps de se diriger vers le vrai centre d'activité de l'Australie de l'ouest, vers Coolgardie, la capitale des champs d'or. On y arrive aujourd'hui en chemin de fer. À la fin d'octobre dernier la voie ferrée n'était pas terminée et ce trajet de 600 kilomètres durait cinquante heures. Nous partons de Perth à midi, dans un train dont les wagons, de seconde classe surtout, sont bondés de chercheurs d'or, et qui, après avoir traversé de nouveau des forêts de jarrah, puis quelques cultures, s'élève pendant la nuit sur les pentes du grand plateau australien où nous nous réveillons à sept heures du matin au petit camp minier en décadence de Southern Cross. C'est ici que je suis initié aux beautés architecturales de la tôle ondulée : comme il ne pousse aux environs que des eucalyptus grêles, qui ne peuvent fournir de bonnes planches, et qu'il faut dans ces camps miniers se faire un logis le plus vite possible, on s'adresse au fer. Quatre plaques de tôle pour les parois, deux pour le toit eu pente, des cloisons en toile séparant les chambres, voilà une maison vite construite et où le bois n'entre que par quelques poutrelles pour former une charpente des plus sommaires. Quant au confortable, il est sacrifié : 40 degrés de chaleur en été quand le soleil donne sur les toits, quelquefois zéro par les nuits d'hiver, voilà les variations de température sous cette tôle trop bonne conductrice de la chaleur, qui ne sait ni la retenir ni l'empêcher d'entrer. A Southern Cross s'arrête le service régulier de chemin de fer, mais l'entrepreneur qui construit la ligne fait partir un train qui va nous conduire en six heures à 100 kilomètres plus loin, à Boorabbin, d'où il nous restera autant à faire en voiture pour atteindre Coolgardie.

Le train de l'entrepreneur n'est pas luxueux : un vieux wagon de seconde classe, mis au rebut par l'administration des chemins de fer, avec un banc de chaque côté. Plutôt que de s'y empiler et s'y enfumer, beaucoup préfèrent s'installer sur les trucks qui portent les bagages et les marchandises, où l'on peut s'arranger quelque confortable avec un pardessus en guise d'oreiller : puis on est à l'air et l'on peut mieux voir le paysage. Il est fort monotone : des eucalyptus assez grands, mais grêles, clairsemés, avec moins de feuillage encore que d'ordinaire, tout juste une petite touffe au bout de chacune des branches qui se détachent symétriquement du tronc, presque au même point : ils ont l'air de grands parasols et remplissent d'ailleurs fort mal cet office. Ces bois maigres alternent avec de grandes plaines découvertes, où rampent des broussailles basses et grisâtres ; une ou deux fois, nous dépassons de légères dépressions couvertes de sable jaune où rien ne pousse : « C'est un lac salé, me dit un compagnon de voyage. — Un lac salé ! mais où donc est l'eau ? — Il n'en paraît à la surface que quelques jours par an, après de fortes pluies, qui sont rares. Mais elle est toujours à quelques pieds sous le sol. » Ce sont ces lacs salés, tout semblables aux chotts de l'Algérie dont l'eau, distillée, sert à alimenter Coolgardie et presque tous les camps miniers de l'ouest australien ; la salure de certains d'entre eux est quatre fois plus forte que celle de l'Océan. Tout ce territoire est, du reste, salé et, où qu'on creuse un puits, il est extrêmement rare de rencontrer de l'eau douce. Celle qui provient des pluies, de plus en plus rares à mesure qu'on s'avance dans l'intérieur, est tout entière absorbée par les racines des arbres. L'eucalyptus seul, le spinifex et quelques broussailles épineuses peuvent vivre dans ces conditions. Tous ces « lacs » sont évidemment les restes d'une grande nappe d'eau salée, qui devait couvrir tout le pays à une époque géologique encore récente et dont le lit n'a jamais été dessalé à cause de l'insuffisance des pluies.

Mais nous voici à Boorabbin, le terminus actuel de la ligne, un campement de baraques de toute espèce dont les plus belles sont en tôle, et les autres en toile, où vivent les ouvriers du chemin de fer et beaucoup de cabaretiers, dont le commerce prospère en ce point d'arrêt obligatoire. De nombreux camions attelés de cinq ou six chevaux en file sont prêts à charger les marchandises qu'apporte le train ; quelques chameaux attendent aussi, menés par leurs conducteurs afghans, car on est allé chercher dans le nord-ouest de l'Inde, pour l'introduire ici, le « vaisseau du désert », auquel le climat convient parfaitement, et qui rend les plus précieux services. Voici des indigènes, les premiers que je vois, sortant de huttes en branchages ; on a dressé les gamins, très bons cavaliers, à rassembler les moutons qu'amène le train et qu'on ne décide pas sans peine à sauter hors de leur wagon-bergerie à deux étages ; les petits noirs galopent tout autour d'eux avec des cris et des claquements de fouet pour les réunir en cercle. Mais il ne faut pas s'attarder à regarder cette confusion pittoresque ; je me hâte de retenir ma place dans la diligence de Coolgardie, une vieille voiture toute délabrée qui a parcouru jadis les grandes routes des environs de Melbourne et qui est venue s'échouer ici ; on s'y entasse treize, six à l'intérieur, sept au-dessus, qui à côté du cocher, qui sur la banquette d'arrière, qui au milieu des bagages. Après un déjeuner sommaire, nous partons au trot de nos cinq chevaux sur la route de Coolgardie, où la poussière est bientôt si épaisse qu'on peut à peine distinguer les chevaux de devant. Pour construire cette large piste, on s'est borné à couper les eucalyptus dont les souches restées en terre font bondir la vieille voiture qui retombe en gémissant ; le passage répété des camions a terriblement défoncé le chemin : aux montées, heureusement peu fréquentes dans cette immense plaine, à peine coupée de rares ondulations, on fait descendre les voyageurs, tandis que la voiture grimpe péniblement, les roues enfoncées jusqu'au moyeu dans le sable. La première étape n'est pas longue : on s'arrête pour passer la nuit dans une auberge de tôle, qui offre aux voyageurs une quinzaine de lits, dans cinq ou six petites chambres. Tout près est une grande citerne de vingt pieds de profondeur, au pied d'un fort massif de rochers granitiques, entouré de rigoles qui recueillent l'eau de pluie tombée sur les rochers et l'amènent au réservoir. Ces gibbosités arrondies de granit, qui se rencontrent de place en place dans toute l'Australie de l'ouest, sont à peu près les seuls points où l'on trouve de l'eau douce ; lors même qu'on n'a pas creusé de citernes auprès, il reste souvent de petites mares dans les creux des rochers. Ici, c'est tout un campement : sous une douzaine de camions dételés dorment de nombreux « prospecteurs », fatigués de leur marche et qui vont repartir avant le jour, pour, éviter la grande chaleur de midi. Nous en avons dépassé toute la journée, nous en rencontrerons encore demain plus d'une centaine, avant d'arriver. La diligence est un mode de transport fort dispendieux : il en coûte 75 francs pour aller de Boorabbin à Coolgardie ; il est plus économique de prendre un des camions qui portent les marchandises ; encore ne sont-ce guère que les femmes et les enfants que la marche fatiguerait trop qui voyagent ainsi. Les hommes vont à pied : couverts d'une épaisse couche de poussière rouge-brun, le visage protégé par un voile contre les mouches, si insupportables dans ce pays, ils trouvent dans leurs rêves dorés, dans les châteaux en Espagne qu'ils se bâtissent, la force de supporter le soleil, la soif, toutes les fatigues de cette pénible marche sur la piste sablonneuse, dont il faut se garder de s'écarter pour chercher de l'ombre : on vient, il n'y a pas huit jours, de retrouver le cadavre d'un homme ainsi égaré, et qui est mort de soif au milieu de ce désert couvert d'arbres où il est presque impossible de s'orienter.

Encore huit heures de *coach* le matin dans la maigre forêt d'eucalyptus jusqu'à Coolgardie, avec deux ou trois haltes à des auberges en toile, où l'on vend d'abominables liquides. Nous dépassons toujours des chercheurs d'or, des camions, et à deux reprises des caravanes de cinquante chameaux, qui s'avancent en file indienne, lourdement chargés, la tête de l'un attachée à la queue du précédent. Enfin voici au milieu des arbres de nombreuses baraques en toile : c'est un faubourg en formation de Coolgardie : on sort du bois et l'on débouche dans la grande rue de la ville, Bayley-Street, qui porte le nom de l'heureux auteur de la découverte de l'or dans cette partie de l'ouest australien.

Elle ne date que de la fin de 1892 ; aussi Coolgardie est encore tout à fait dans l'enfance. En allant de la périphérie vers le centre, on se rend compte de toutes les phases successives par lesquelles passe l'habitation dans un camp minier : d'abord, disséminées au milieu des eucalyptus, les simples lentes, où s'établissent les nouveaux arrivants, à la bourse peu remplie ; puis des baraques plus compliquées où un cadre de branchages maintient la toile et transforme la tente en une cabane de hauteur convenable ; lorsqu'on arrive dans la ville proprement dite les branches sont remplacées par des poutrelles qui forment une charpente régulière, avec des portes et des fenêtres ; l'enveloppe est encore parfois en toile, mais est bientôt supplantée par la tôle ondulée, qui règne en maîtresse dans la plus grande partie de Coolgardie ; enfin, dans Bayley-Street, on s'émerveille de voir deux édifices en briques à deux étages : le Victoria-Hotel, dont la première pierre a été posée en grande pompe il y a un an, et les Coolgardie-Chambers, où se trouvent les bureaux de quelques-unes des principales sociétés minières. Les rues sont démesurément larges, et le paraissent d'autant plus que, la tôle ondulée ne se prêtant guère à la superposition des étages, toutes les maisons qui les bordent sont à simple rez-de-chaussée : la raison de cette largeur des voies publiques, c'est la crainte des incendies. Si le feu se déclare à Coolgardie, il ne faut pas songer à l'éteindre : les approvisionnements d'eau sont tout à fait insuffisants ; c'est la largeur des rues seule qui peut empêcher l'embrasement de toute la ville. Les compagnies d'assurance refusent le plus souvent de courir ces risques énormes ; heureusement les maisons de tôle sont vite rebâties : au moment où j'arrivai à Coolgardie tout un îlot venait ainsi d'être détruit ; l'on n'y voyait que plaques de métal tordues et débris carbonisés. Quand je repartis quinze jours après, la moitié de cet espace était déjà reconstruit.

Il y a bien peu d'ombre dans ces larges rues, et le vent s'y engouffre souvent en soulevant des tourbillons de poussière qui pénètrent partout à travers les tôles mal jointes : avec les mouches, cette poussière est le fléau de Coolgardie, fléau d'autant plus terrible que le remède, c'est-à-dire l'eau, est plus parcimonieusement mesuré. Ce précieux liquide se paye ici 6 *pence* le gallon, soit 15 centimes le litre : c'est plus que ne vaut le vin commun en Languedoc après une bonne récolte. L'eau provient exclusivement de la distillation de l'eau salée souterraine des environs, car nous voici au commencement de novembre, et depuis le 1er août, il n'a pas plu. Comme nous ne sommes qu'au printemps, bien qu'il fasse déjà plus de quarante degrés à l'ombre au milieu du jour, il n'y aura guère encore pendant cinq mois de pluie sérieuse, tout au plus trois ou quatre ondées torrentielles, mais de très courte durée. Il faut d'ailleurs se méfier des eaux de pluie : elles sont chargées de toutes les poussières, de tous les germes malsains qui flottent dans l'atmosphère de cette ville où tant de détritus se sont décomposés au grand soleil ; et chaque pluie est suivie d'une recrudescence de fa lièvre typhoïde qui règne ici à l'état endémique.

Ce n'est pas seulement sur la santé publique que la rareté de l'eau a de l'influence, c'est aussi sur le prix de la vie. Elle rend les transports extrêmement dispendieux, puisque, en l'absence du chemin de fer, ce sont des camions à cinq ou six chevaux qui approvisionnent Coolgardie ; il en coûte 250 francs pour faire franchir à une tonne de marchandise les 250 kilomètres de Boorabbin, terminus du chemin de fer, à Coolgardie ; 200 francs pour les 40 kilomètres qui séparent Coolgardie de Kalgoorlie, où se trouvent plusieurs des mines les plus importantes. A l'hôtel, je paie 15 francs de pension par jour pour loger sous la tôle, avec deux inconnus, dans une chambre où il fait 45 degrés au milieu du jour, qui contient trois lits, trois chaises et une cuvette sur une table boiteuse. Quant à la nourriture elle se compose exclusivement de viande de mouton et de conserves, car on ne saurait rien cultiver ici ; et quelques chèvres sont les seuls animaux domestiques qu'on puisse entretenir, en dehors des chevaux et des chameaux qui servent aux transports. Mais qu'on juge du prix où doivent être les nécessités les plus élémentaires de la vie dans les points les plus reculés des champs d'or, à 100 ou 150 kilomètres de Coolgardie, où l'eau se paye encore actuellement 25 à 30 centimes, et a coûté à certains moments 70 centimes le litre.

Il faut que l'attrait de l'or ait une bien grande puissance pour avoir amené la formation d'une pareille ville en ce pays désert : si désagréable qu'y soit l'existence, elle n'en a pas moins 5000 habitants environ et il y en a plus de 50000 répandus sur l'ensemble de l'immense région aurifère de l'Ouest australien. Et Coolgardie, à deux ans et demi, a déjà tous les éléments de la vie sociale, cinq églises : catholique, anglicane, méthodiste, presbytérienne et baptiste, aux fenêtres gothiques découpées dans la tôle ondulée, un théâtre, un club, deux clubs de cricket dont les membres pratiquent avec ardeur le jeu national anglais, si torride que soit la température ; deux journaux enfin, l'un de six pages, l'autre de quatre, qui coûtent respectivement 30 et 20 centimes et par lesquels j'ai appris fort exactement un changement de ministère en France et les noms des nouveaux ministres. Les librairies sont abondamment pourvues de toutes les principales revues, des journaux illustrés, des livres anglais les plus récents, voire de nombreuses traductions d'auteurs français : Zola, Dumas père et… Paul de Kock ! Il y a des magasins de toute sorte, où l'on peut tout se procurer, si on ne lésine pas sur la dépense. Ce dont on ne saurait se défendre après avoir vu de pareilles œuvres, c'est un sentiment de profonde admiration pour les facultés organisatrices et la ténacité de la race qui les a accomplies.

Coolgardie est fort calme pour une ville de chercheurs d'or ; elle est déjà un peu rassise, il est vrai, et ses habitants vous parlent quelquefois des « premiers temps » de cette ville de trois ans, comme d'une chose passée. Mais les camps miniers actuels en Australie, comme en Amérique, n'ont plus des mœurs aussi violentes que ceux d'autrefois, s'il faut en croire les récits, non seulement des livres, mais des vieux chercheurs d'or. Il y a ici des hommes qui ont été, presque enfants, au grand *rush* de 1851 aux placers de Victoria, puis ont suivi toutes les grandes découvertes de métaux précieux, à la Nouvelle-Zélande, au Queensland, aux grandes mines d'argent de Broken Hill, en Nouvelle-Galles du Sud en 1885 ; ils sont enfin arrivés ici : les uns n'ont jamais été heureux dans leurs recherches, d'autres ont fait plusieurs fois fortune et l'ont perdue au jeu, mais à 60 ans, ils ont encore le même enthousiasme et organisent des *prospecting-parties*, des parties de prospecteurs où ils guident les jeunes gens de leur expérience du terrain, des quelques connaissances géologiques sommaires qu'ils ont fini par acquérir. C'est pourtant un rude métier que de chercher de l'or dans ces déserts sans eau de l'Australie de l'ouest et plus d'un prospecteur n'est jamais revenu.

A peine a-t-on appris, par les affiches manuscrites apposées aux bureaux des journaux, ou par un simple bruit rapporté dans un *bar*, qu'une pépite a été trouvée, en un point éloigné de plusieurs dizaines de lieues, dont on connaît à peine remplacement exact, que des centaines de personnes s'y précipitent : l'un des plus anciens et le plus récent des moyens de transport au service de l'humanité, le chameau et la bicyclette, concourent pour y porter les chercheurs d'or. La vélocipédie est en effet en grand honneur à Coolgardie : le terrain, uni, assez dur en dehors des routes défoncées par les charrois, de l'Australie de l'ouest s'y prête parfaitement : trois compagnies rivales se sont organisées et ont des départs de cyclistes à heure fixe pour le port des lettres aux divers centres miniers secondaires, faisant ainsi concurrence à la poste gouvernementale ; d'autres hommes sont toujours prêts à enfourcher leur machine pour porter une dépêche urgente et les journaux ont aussi leurs vélocipédistes qu'ils envoient aux points où une découverte est signalée pour leur rendre compte de son importance. Les nouvelles sont aussitôt affichées et commentées dans tous les lieux de réunion et dans les innombrables *bars*, où d'heureux cabaretiers vendent un shilling le verre les liquides les plus variés à la foule des clients.

Au moment où je me trouvais à Coolgardie, la politique et le sport faisaient concurrence à la spéculation minière dans les préoccupations des habitants. On discutait les performances des chevaux engagés dans la Coupe de Melbourne, le Grand Prix australien ; des *share-brokers* (agents de change) se chargeaient eux-mêmes de conclure les paris. Le soir du jour où fut couru le prix, je me trouvais à Kalgoorlie, un camp minier âgé d'un an à peine. Dès 9 heures, les deux journaux de cette ville affichaient le résultat et les parieurs heureux passaient bruyamment la nuit en bombance.

Les reproches politiques que les mineurs faisaient au gouvernement avaient une curieuse ressemblance avec ceux des *uitlanders* du Transvaal : négligence des intérêts des districts aurifères, maintien d'un régime protectionniste ; représentation insuffisante des nouveaux venus au Parlement de la colonie, par suite de la mauvaise répartition des circonscriptions, et des entraves à l'inscription électorale. Ces mesures étaient d'autant moins justifiées que les nouveaux venus n'appartiennent pas ici à une race étrangère qui menace l'indépendance du pays, mais sont sujets anglais comme les anciens colons.

C'est toutefois au sujet des intérêts économiques que le mécontentement était le plus justifié. Il est certain que le développement de l'industrie aurifère est fort retardé par les tarifs exorbitants des transports qui résultent de la lenteur de construction du chemin de fer, et que le gouvernement de la colonie s'est trop peu occupé de faire des sondages pour remédier à la rareté de l'eau. D'autre part, il faut bien reconnaître que les gisements aurifères de l'Australie, en général, sont peut-être les plus riches, mais aussi les plus capricieux de tous. L'or paraît semé en quantité de points du continent entier, mais souvent en poches de peu d'étendue, fabuleusement riches quelquefois. Dans nul pays au monde on n'a trouvé tant ni de si énormes pépites : un chercheur n'a-t-il pas découvert dans la colonie de Victoria, le 9 février 1869, un lingot d'or naturel du poids de 86 kilogrammes, valant ainsi plus de 250000 francs ? L'ère de ces trouvailles n'est pas terminée ; pendant mon séjour à Melbourne les journaux racontaient qu'à quelques lieues de la ville un promeneur, ayant ramassé une pierre sur laquelle il avait butté, y trouva une pépite représentant plus de 10000 francs. Sans doute on ne peut compter sur des pépites, mais les poches de grande richesse superficielle sont très fréquentes, faciles à travailler et n'exigent pas d'avances de fonds importantes ; ces gisements font la fortune du « prospecteur individuel » ou de très petites associations. Ils causent souvent, au contraire, de très grands déboires aux compagnies qui se sont constituées avec un capital important, pour exploiter un filon d'abord très riche, puis qui disparaît brusquement. Ce n'est pas à dire que toutes les mines de l'Australie de l'ouest soient dans ce cas, et il y a, en plusieurs endroits, de ces vastes régions aurifères, qui s'étendent sur un espace plus grand que la France, des groupes de filons puissants qui semblent assez réguliers. L'or visible, si exceptionnellement rare dans les conglomérats gris-bleu du Transvaal, est au contraire très fréquent et se montre parfois en grosses paillettes dans les quartz, les porphyres décomposés, les roches ferrugineuses, qui forment les filons de l'Australie occidentale.

La grande difficulté qui s'est opposée au développement de l'industrie jusqu'à présent est la rareté de l'eau. Le procédé universel d'extraction de l'or : broyage des minerais sous des pilons, où arrive aussi de l'eau qui entraîne les boues sur des tables amalgamées, dont le mercure retient l'or, exige de grandes quantités de liquide. Il est vrai qu'il n'y a point ou peu d'inconvénients à se servir d'eau salée pour cette opération, mais l'eau salée elle-même se paye en certains points de l'Australie de l'ouest, et le directeur d'une des plus anciennes mines me disait qu'il l'achetait à une autre compagnie plus heureusement partagée, et qu'elle lui revenait à 2 francs l'hectolitre. Comme on ne peut se servir d'eau salée pour les chaudières, on a dû adopter des moteurs à huile minérale. Le transport des machines et de tous les matériaux est très dispendieux, en l'absence de chemins de fer, en grande partie encore à cause de la rareté de l'eau. Il en résulte aussi l'élévation des salaires : ceux-ci stipulent toujours une somme fixe qui est le plus souvent pour les mineurs, tous Européens, de 88 francs, en certains points éloignés 100 francs par semaine, plus la fourniture de l'eau ; la ration de chaque homme est souvent réduite à 4 litres et demi par vingt-quatre heures. On a cherché naturellement des procédés permettant de traiter directement les minerais, réduits en poussière, par des réactifs chimiques, sans intervention de l'eau. Il semble qu'on soit sur le point de réussir. D'autre part l'achèvement, depuis un mois effectué, du chemin de fer jusqu'à Coolgardie et plus tard Kalgoorlie, les deux principaux centres miniers, abaissera dans de grandes proportions le prix des transports ; enfin le gouvernement a pris en main d'une manière sérieuse la question de l'eau. On peut donc espérer que l'industrie de l'or va pouvoir se développer plus librement et renouveler l'Australie de l'ouest comme elle l'a déjà fait pour les colonies de l'est et la Nouvelle-Zélande.

Si ce n'est pas, en effet, la découverte de l'or qui a fait l'Australie, puisqu'il existait déjà dans ce pays un très grand développement agricole et une population de près d'un demi-million d'habitants au moment où elle a eu lieu, il n'en est pas moins vrai qu'elle a énormément hâté ce développement et qu'elle a changé aussi la constitution sociale des colonies australiennes. L'immigration colossale qui s'est précipitée sur l'Australie après 1851 a fait le pays le plus démocratique du monde de ces colonies qui avaient semblé d'abord, aux yeux d'observateurs perspicaces, destinées à former une société aristocratique, soumise à l'influence des grands propriétaires. L'exubérante, mais fragile prospérité qui s'en est suivie n'a pas été non plus sans inconvénients. Lorsque, dans ces dernières années, le mouvement ascendant s'est ralenti puis arrêté, cette société, un peu déséquilibrée, a été tout étonnée et a cherché un remède à l'inconstance de la fortune dans les innovations sociales aventureuses, qu'elle a entreprises avec une hardiesse et sur une échelle inconnues ailleurs. Il ne sera pas sans intérêt d'étudier avec quelque détail ce fertile champ d'expériences que le vieux monde a l'heureuse chance d'avoir sous les yeux, et dont l'exemple peut lui offrir des enseignements précieux et lui éviter de pénibles écoles.

Chapitre II

Les expériences sociales et le féminisme.

Les nouvelles sociétés qui se sont constituées dans les colonies anglaises des Antipodes représentent au plus haut degré toutes les tendances, bonnes ou mauvaises, de la civilisation contemporaine : si l'on applique à l'Australie les divers critériums auxquels on se fie d'habitude pour juger le degré de culture d'un pays, on est forcé de conclure que cette jeune contrée a déjà distancé toutes ses aînées. Ce n'est pas du développement littéraire ou artistique que nous entendons parler ici : aussi bien ne peut-on s'attendre à le trouver dans une société aussi jeune, et, d'ailleurs, notre temps, dont toute l'attention se porte sur ce qui intéresse les masses, semble dédaigner les côtés les plus raffinés, les plus élevés même, de la civilisation. Mais pour ce qui est de la diffusion des connaissances moyennes, des conditions matérielles de l'existence, de l'activité des transactions entre les hommes, l'Australie se rapproche certainement plus qu'aucun autre pays de l'idéal un peu terre à terre des contemporains.

Les illettrés y sont plus rares, les lettres et les télégrammes échangés plus nombreux, le commerce plus considérable par rapport à la population que nulle part ailleurs. Le *standard of life*, comme disent les Anglais, y est plus élevé, la vie plus large dans toutes les classes, si l'on en croit les statistiques de la consommation de certaines denrées : la viande, le sucre et autres. Enfin, malgré le léger lien qui les rattache à la monarchie anglaise, nulle part la démocratie n'est plus triomphante que dans les colonies Australiennes ; nulle part les innovations sociales n'ont été poussées plus loin, jusqu'à émanciper parfois la femme de sa traditionnelle minorité ; nulle part enfin l'extension des pouvoirs de l'Etat, dont on prétend nous montrer l'omnipotence au terme de l'évolution actuelle, n'a trouvé des champions plus puissants et n'a été mise en pratique à un pareil degré.

De là vient l'intérêt qui s'attache à l'étude de ces jeunes sociétés où toutes les aspirations modernes, durables ou éphémères, se font jour librement, beaucoup moins retenues qu'en Europe par les traditions du passé. Elles sont pour nous un véritable laboratoire de science sociale et l'observation des expériences auxquelles leurs habitants se livrent peut être singulièrement utile au vieux monde. Il importe toutefois de ne jamais perdre de vue la diversité des milieux, la différence entre cette terre vierge d'Australie où la civilisation a été implantée comme une bouture et la vieille Europe où elle a crû lentement, où ses racines plongent dans le plus lointain passé. Des essais plus ou moins heureux dans l'une pourraient être funestes à l'autre.

I

La faveur que les idées socialistes ont rencontrée en Australie surprend au premier abord. Sa sœur aînée, l'Amérique, a évolué jusqu'à ces derniers temps dans un sens tout opposé : l'individu y est plus vigoureux, l'Etat plus effacé que partout ailleurs. Cependant l'Australie semble plus essentiellement anglaise que les Etats-Unis : la part des éléments étrangers aux îles Britanniques dans sa colonisation est négligeable, et l'on sait que les Anglo-Saxons sont profondément individualistes : c'est d'eux que leurs neveux d'Amérique ont hérité, pour l'accentuer encore, la méfiance de l'État. Si les Australiens tendent, au contraire, à en augmenter sans cesse la part, c'est dans les circonstances de leur histoire, de leur rapide développement qu'il faut en chercher l'explication.

Il serait facile d'établir une opposition saisissante entre les premiers colons de l'Australie et ceux des Etats-Unis : d'un côté, les *Pilgrimfathers* de la *Mayflower*, les Puritains qui s'exilaient pour fonder une société conforme aux

54

enseignements que leur foi trouvait dans la Bible ; de l'autre, les forçats que, cent cinquante ans plus tard, le gouvernement anglais envoyait à Botany-Bay, pour purger l'Angleterre de ses criminels incorrigibles. La comparaison serait trompeuse et les conclusions qu'on en tirerait, injustes. Les *convicts* ont été un instrument précieux entre les mains d'une administration habile pour préparer la voie à la venue des colons libres, puis les auxiliaires de ceux-ci pour la mise en valeur du pays ; leurs descendants n'ont jamais formé qu'un élément très secondaire de la population. Mais ce qui fait la profonde différence entre l'Australie et l'Amérique, c'est que la première a été envahie par une énorme immigration alors qu'elle était tout à fait dans l'enfance, tandis que dans la seconde s'était formé lentement, pendant deux siècles, un substratum solide grâce auquel elle a pu supporter sans rupture d'équilibre l'afflux de colons européens qui s'y porte depuis cinquante ans.

L'Australie a toujours manqué de cette base solide qu'avaient constituée aux Etats-Unis les descendants des Puritains et l'aristocratie des planteurs du Sud. Un moment, on put croire que les *squatters* ou grands propriétaires pasteurs constitueraient une classe analogue à ceux-ci ; mais la découverte de l'or en 1851 vint tout changer. Dès lors l'immigration fut infiniment plus considérable qu'en Amérique et submergea les éléments préexistants, beaucoup trop faibles pour s'assimiler les nouveaux venus plus nombreux. L'accroissement de la population est fabuleux : de 430000 habitants en 1851, elle passe à 1252000 en 1861, ayant reçu pendant ces dix années 613000 immigrants, moitié plus que la population totale au début de la période, et dès ce moment la société australienne est complètement transformée ; pendant les années suivantes l'immigration continue à être proportionnellement bien plus forte qu'en Amérique : 291000 de 1861 à 1871 ; 336 000 de 1871 à 1881 ; 386000 de 1881 à 1891. La population atteint aux mêmes dates les chiffres de 1924000, de 2742000, de 3809000 enfin, presque décuple de ce qu'elle était quarante ans plus tôt. Les Etats-Unis sont loin d'avoir seulement triplé le nombre de leurs habitants dans le même laps de temps : il y a des villes-champignons en Amérique ; c'est l'Australie tout entière qui est un champignon.

L'immigration n'y a pas seulement été très nombreuse ; elle a été chaotique, pour ainsi dire : les mines d'or qui n'ont, en définitive, joué aux États-Unis qu'un rôle secondaire sont le fait prépondérant de la colonisation australienne. Les aventuriers de toute profession et sans profession, les gens ennemis du travail régulier ont été attirés par la grande loterie qu'est la recherche de l'or et se sont précipités sur elle. Recrutés dans les villes plutôt que dans les campagnes, ces immigrants formaient un ramassis hétérogène, sans tradition, sans cohésion, tout différent des groupes sociaux fortement cimentés qui colonisèrent les premiers l'Amérique du Nord, fort inférieur même à ceux qu'elle reçut durant la période de la grande immigration, du moins jusque vers 1880. C'est au milieu où se sont recrutés pour la plupart les immigrants australiens, aussi bien qu'aux circonstances qui les ont attirés qu'il faut attribuer l'un des fléaux de l'Australie, l'énorme proportion de la population urbaine.

Sur les 1140000 habitants de la colonie de Victoria en 1891 les villes de plus de 5000 âmes en comptaient 616000, soit 54 pour 100, dont 491000 étaient concentrés à Melbourne. Dans la Nouvelle-Galles du Sud la population des villes atteint 505000 habitants, soit 44 pour 100 de la population totale de 1132000 âmes ; la capitale de la colonie, Sydney, a 383000 habitants, c'est exactement le tiers de l'ensemble. De même Adélaïde compte 133000 âmes sur les 320000 de l'Australie du Sud ; la proportion de la population urbaine est de 48 pour 100. Elle est un peu moins forte dans les autres colonies, tout en s'élevant encore à un peu plus du tiers en Nouvelle-Zélande (211000 sur 626000 âmes de population blanche), où elle est la plus faible, si l'on excepte ta minuscule Australie de l'Ouest qui n'avait pas encore subi, en 1891, l'influence des mines d'or, et dont les deux seules villes notables contenaient 14000 des 49000 habitants.

L'ensemble des sept colonies Australasiennes comptait 1 608 000 âmes de population urbaine sur 3 809 000, proportion énorme de 42,5 pour 100, qui n'est atteinte nulle part ailleurs. Quatre villes, Melbourne, Sydney, Adélaïde et Brisbane, avaient à elles seules 1 100 000 habitants, beaucoup plus du quart de la population totale.

Le mal est d'autant plus grand que l'Australasie est, en dehors de l'industrie aurifère, un pays essentiellement agricole, pastoral surtout. La laine, la viande, les autres produits du bétail constituent les deux tiers des exportations australasiennes. De grande industrie, il n'y en a point et il n'y en aura pas de longtemps. Sauf l'or et l'argent, les mines métalliques sont à peu près inexploitées et paraissent jusqu'à présent peu abondantes ; les quelques gisements de cuivre de l'Australie du Sud sont près de s'épuiser ; le charbon n'a d'importance appréciable qu'en Nouvelle-Galles et en Nouvelle-Zélande. D'ailleurs, un pays aussi neuf, obligé de tirer tous ses capitaux du dehors, très éloigné des plus grands marchés du monde, ne peut avoir encore d'industrie de premier ordre. En Amérique même, les industries sont toutes récentes, sauf celle du coton. En résumé, c'est l'or qui a attiré des centaines de mille immigrants en Australie ; son extraction n'occupait en 1892 que 55 000 personnes. Les grandes ressources du pays sont essentiellement rurales ; mais ses habitants sont venus des villes et la moitié d'entre eux s'y sont renfermés de nouveau. C'est cette opposition, ce manque d'équilibre originel qui constitue le défaut le plus grave de la société australienne.

Les idées socialistes devaient naturellement être accueillies avec faveur par les chercheurs d'or malheureux ou ruinés après une fortune momentanée qui peuplaient les grandes villes, par les ouvriers très nombreux et par cela même très puissants, dont les salaires avaient été extrêmement élevés pendant le premier essor des mines et qui ne voulaient à aucun prix les voir diminuer. Des mêmes causes est né le protectionnisme à outrance : pour faire vivre tous ces ouvriers des villes, il fallait créer des industries qui, placées dans des conditions défavorables, ne pouvaient soutenir la concurrence étrangère qu'en s'entourant de hautes barrières : la seule colonie qui lui ait échappé, la Nouvelle-Galles, est précisément celle où l'industrie, grâce à d'importantes mines de charbon, pouvait naître et se maintenir naturellement.

L'Etat s'est d'ailleurs trouvé dès l'origine très puissant en Australie. La politique de vente des terres a haut prix, qui a tant contribué à la prospérité de ce pays dès avant les découvertes minières, lui procura de tout temps des ressources très importantes. Aujourd'hui encore les recettes que les diverses colonies tirent tant des terres louées pour le pâturage que de celles qui sont vendues atteignent en moyenne plus du huitième de leur revenu total. Dans la Nouvelle-Galles même, celui-ci est de 265 millions de francs dont un cinquième, 55 millions, provient du domaine public. L'Etat disposait ainsi de sommes très importantes alors que les capitaux des particuliers étaient encore faibles ou très instables, comme dans la période de grande effervescence qui suivit la découverte de l'or. Il fut ainsi naturellement amené à se charger des grands travaux publics et surtout des constructions de chemins de fer. Que la constitution du réseau ferré ait été hâtée ainsi au début, cela est incontestable ; mais bientôt arrivèrent des complications : lorsque l'État, une fois la plupart des lignes nécessaires terminées, voulut congédier la plupart des très nombreux ouvriers qu'il employait, naquit la question des *unemployed*, des *sans-travail* ; le principal remède qui y fut apporté, sous la pression de l'opinion publique et de considérations électorales, consista à entreprendre sans cesse de nouvelles lignes, de moins en moins productives. Les masses s'habituèrent ainsi de plus en plus à considérer l'Etat comme le patron par excellence, et les *relief works*, les travaux entrepris pour soulager les ouvriers inoccupés, comme une fonction essentielle du gouvernement. Puisqu'il construit et exploite les chemins de fer, dit-on bientôt, pourquoi n'entreprendrait-il pas aussi toutes les autres industries, notamment l'industrie minière ?

La force des choses avait conduit en Australie à l'exploitation des chemins de fer par l'État : il en résulte qu'aujourd'hui, la logique simpliste des démocraties veut en faire le patron universel.

A ces causes, il faut encore ajouter les mauvais rapports des classes de la population entre elles. Que de fois n'ai-je pas entendu des Australiens regretter les sentiments amers de classe — *very bitter classfeelings* — dont étaient animées les couches inférieures de la population à l'égard surtout îles grands propriétaires, des *squatters*. Comment ce sentiment de classe, assez faible en Amérique, est-il aussi fort ici ? C'est sans doute encore à la composition mal équilibrée de la population qu'il faut l'attribuer. Aux Etats-Unis, où l'industrie, si elle est née en partie à l'abri artificiel de tarifs protecteurs, a du moins devant elle un immense marché, elle est vigoureuse, prospère, et l'ouvrier peut voir s'ouvrir devant lui un avenir illimité. En Australie, au contraire, les chétives industries de serre chaude qui n'ont devant elles que des marchés minuscules — puisque chaque colonie forme un territoire douanier séparé, — végètent ; et l'ascension, le passage de l'état d'ouvrier à celui de patron, tout au moins de contremaître, n'est guère possible dans ce corps anémié. L'ouvrier n'ayant pas devant lui de perspectives d'avenir est ainsi mécontent, malgré ses hauts salaires ; se plaint d'être un paria ; et n'espère qu'en un changement radical de l'organisation de la société.

C'est en particulier aux *squatters* qu'il en veut. Ces grands propriétaires, ces grands locataires de terrains de parcours pour le bétail, dont plusieurs détiennent des dizaines de milliers d'hectares, sont cependant l'élément solide de la colonisation australienne, les véritables auteurs de la grandeur économique de ce pays. Le départ de quelques milliers d'entre eux lui serait plus funeste que l'exode de la moitié des 1 100 000 habitants qui peuplent ses quatre grandes villes. Si la propriété pastorale est souvent énorme en Australie, c'est que cette énormité est nécessaire à cause du climat, de ses longues sécheresses, de son irrégularité qui occasionnent parfois des pertes désastreuses auxquelles un petit propriétaire, muni d'avances insuffisantes, ne saurait résister. L'agriculture proprement dite n'est pas non plus très favorisée en Australie, parce que les terres voisines des côtes sont presque toujours couvertes de forêts dont le défrichement revient à un prix élevé. Des squatters, des fermiers ou agriculteurs, et des ouvriers, les premiers sont les plus utiles, ils forment l'épine dorsale, *the back-bone*, suivant l'énergique expression anglaise, de la colonisation ; les seconds sont presque un élément secondaire ; les derniers ne contribuent presque pas à la prospérité de l'Australie, mais ils sont les plus nombreux, et ils la gouvernent.

Recrutement des immigrants dans des milieux sans cohésion ni tradition, en forte proportion dans les villes ; manque d'harmonie qui en résulte entre la composition de la population, en grande partie urbaine, et la nature des ressources du pays, surtout pastorales ; jalousie entre les diverses classes de cet ensemble mal équilibré, voilà ce qui a favorisé la poussée du socialisme d'État en Australie, malgré l'esprit individualiste de la race britannique qui a presque seule peuplé ce continent. On peut y ajouter quelques causes ethniques secondaires : l'influence des Écossais, très nombreux surtout en Nouvelle-Zélande et dont l'esprit s'accommode assez bien d'un radicalisme dogmatique ; celle aussi des Irlandais, qui constituent plus d'un cinquième de la population, et qui rendent la démocratie australienne quelque peu turbulente et impatiente. D'autre part, comme l'Anglais ne cesse jamais si vite d'être lui-même, on retrouve dans cette jeune et hardie société un grand nombre de coutumes, même d'institutions qui en revêtent l'extérieur d'apparences tout à fait britanniques. Les Anglo-Saxons tiennent à conserver les dehors et les formes des choses, lors même qu'ils en changent le fond. Les habitudes de vie, comme les plaisirs des Australiens, ont été, aussi bien que leur type, à peine modifiés par le milieu, dont l'influence ne se fait pas encore sentir depuis assez longtemps. En matière religieuse, enfin, l'influence de l'esprit anglais s'est maintenue plus profondément qu'en toute autre : les sentiments chrétiens sont encore aussi vivants et les observances extérieures, celle du dimanche notamment, plus rigidement suivies, peut-être, qu'en Grande-Bretagne même.

II

Sous le manteau de constitutions modelées sur celle de l'Angleterre, ces sociétés des antipodes sont de pures démocraties : dans les cinq colonies qui se partagent le continent australien, dans l'île de Tasmanie, dans l'archipel de la Nouvelle-Zélande, l'appareil du gouvernement est le même : un gouverneur nommé par la reine, chef du pouvoir exécutif, mais surtout personnage d'apparat, qui a cependant le pouvoir, rarement employé, de réserver son assentiment aux lois votées par le parlement et de les transmettre à la reine dont le droit de *veto*, toujours en théorie, est absolu ; une Chambre haute ou Conseil législatif dont les membres sont tantôt nommés par le gouvernement, à vie ou pour un certain nombre d'années, tantôt élus par un corps censitaire, jouant le rôle de la Chambre des lords, repoussant parfois les lois votées par la Chambre basse, quitte à céder si, après une dissolution, les électeurs se prononcent contre elle ; enfin une Assemblée législative, qui se distingue de la Chambre des communes anglaise en ce qu'elle est élue par le suffrage universel, mais qui est, comme elle, l'organe moteur du gouvernement, qui fait et défait les ministères, choisis, pour la plus grande partie dans son sein.

Comme les mécanismes gouvernementaux, les milieux politiques sont à peu près identiques. Ce sont des questions économiques et sociales qui s'y agitent principalement : les réformes politiques, relatives surtout à l'extension du droit de suffrage, qui avaient été discutées dans les premières années qui suivirent la concession du *self-government* à toutes les colonies entre 1855 et 1860, sont aujourd'hui acquises. Ce qui remplit les sessions des parlements, c'est la lutte entre libre-échangistes et protectionnistes, ou plutôt entre protectionnistes modérés et protectionnistes à outrance, à laquelle viennent se mêler, pour la dominer presque aujourd'hui, les discussions entre les partisans et les adversaires de l'extension indéfinie des pouvoirs de l'État. La coexistence de ces deux ordres de questions, l'absence de grands partis historiques, comme en Angleterre et aux États-Unis, quoiqu'il y ait dans chaque parlement, à l'instar de la Chambre des communes, un *leader* de l'opposition, personnage quasi officiel et successeur désigné du premier ministre, la fréquence des coalitions de groupes ont abouti à une grande instabilité ministérielle : les trois plus grandes colonies, Victoria, Nouvelle-Galles, Nouvelle-Zélande, ont eu depuis quarante ans de 27 à 28 cabinets ; l'Australie du Sud, 42 ; la moins instable, le Queensland, 15 seulement.

Les replâtrages, les « débarquements » fréquents sont favorisés par la qualité inférieure du personnel politique : en Australie, comme en Amérique, comme dans bien d'autres démocraties anciennes et modernes, le divorce entre les « autorités sociales », suivant la forte expression de Le Play, et les gouvernants, est de plus en plus complet : les chambres hautes servent seules encore de refuge à quelques *squatters*, industriels, banquiers ; encore est-ce pour elles un titre à l'hostilité des politiciens de carrière. « Que représentent-ils donc, s'écriait, en parlant des membres du Conseil législatif, le premier ministre de la Nouvelle-Galles du Sud, M. Reid, ces hommes nommés à vie par les divers gouvernements qui se sont succédé ? des avocats, des industriels, des financiers heureux, voilà tout ce que c'est... » Le fait d'avoir exercé avec quelque succès une profession doit donc être l'arrêt de mort de l'influence politique d'un homme !

Les paroles que je viens de citer étaient prononcées au cours de la période électorale, à la suite d'une dissolution de la Chambre, qu'avait provoquée le refus du Conseil législatif de voter des réformes fiscales et douanières proposées par le gouvernement. Ces élections de 1895 marquèrent un nouveau pas dans la décadence du personnel politique de la Nouvelle-

Galles. Le chef de l'opposition protectionniste, sir George Dibbs, le vieux sir Henry Parkes, son allié, quoique libre-échangiste, presque tous les hommes indépendants qui n'acceptaient pas en entier et servilement les plans financiers du ministère, furent battus. De sir Henry Parkes, l'ancien chef, devenu dissident, du parti libre-échangiste, à son successeur M. Reid, la décadence est grande. Le *grand old man* des antipodes, coin me on l'appelait, par une comparaison un peu ambitieuse avec M. Gladstone, était un véritable homme d'Etat. Cinq lois premier ministre, il s'était attaché à l'œuvre de la fédération des colonies australiennes qui leur serait si utile, ne fût-ce qu'en élargissant un peu l'horizon de leurs gouvernants. Bien qu'un peu charlatan à l'occasion, il ne se laissait pas absorber par les préoccupations électorales.

Son successeur, dont il disait « qu'il s'étonnait qu'un cerveau aussi réduit pût aller de compagnie avec un si énorme ventre », est, au contraire, un de ces politiciens pour qui tout l'art de gouverner consiste à suivre ceux dont ils sont les chefs, à satisfaire surtout les groupes les plus bruyants. Aussi préfèrent-ils les mesures d'ostentation aux réformes simples et graduelles et excellent-ils à compliquer les questions, à confondre les plus diverses pour composer de véritables mélanges détonants qui feront retentir leur nom dans les couches profondes du peuple, pour lesquelles ils prétendent travailler. Souvent, suivant un mot célèbre, ils ne pensent que quand ils parlent, mais ils se font vite une opinion sur tous les projets de réforme, non pas en en étudiant le fond, mais en scrutant l'effet qu'ils produiront sur les masses électorales. Lorsque M. Reid arriva au pouvoir, en 1894, il était nettement investi par le pays de la mission d'abaisser le tarif douanier. Non content de déposer une loi dans ce sens et de proposer l'établissement d'impôts directs, — foncier et sur le revenu — pour maintenir les recettes budgétaires, il compliqua la réforme en rendant ces impôts progressifs, en exemptant tous les revenus inférieurs à 7500 francs. Il se refusa à toute concession à l'égard de la Chambre haute qui désapprouvait ces excès démagogiques, en appela aux électeurs, et, cette fois, ajouta à son programme la réduction à cinq ans du mandat, jusqu'alors à vie, des membres de la haute assemblée, et l'institution du *referendum*. C'était un bouleversement complet de la constitution ; mais tout ce bruit et les violents discours qui l'accompagnaient satisfaisaient le bonhomme Démos, qui n'a guère change depuis qu'Aristophane s'en moquait à Athènes. « Corps pourri et corrompu, vieux fossiles », tels étaient les termes donc se servait le premier ministre lui-même pour désigner la Chambre haute et ses membres. La période électorale terminée, il s'étonnait qu'ils en fussent mécontents et lui votassent un blâme pour ce qui n'était, disait-il, que *election talk*, des discours électoraux. La comédie finie, les acteurs étaient surpris qu'on vint leur reprocher à la ville ce qu'ils avaient dit sur les planches pour se faire applaudir du public.

Les méthodes de travail des parlements australiens témoignent aussi du souci d'ostentation qui caractérise le monde politique de ces démocraties. La Nouvelle-Zélande se fait particulièrement remarquer à ce point de vue. Le premier ministre est ici un ancien cabaretier, qui, par une singulière ironie, se trouvait obligé, l'été dernier, de soutenir un projet de loi restreignant la vente des liqueurs alcooliques. Ce n'était qu'un des quatre-vingts et quelques *bills* que le Parlement devait discuter dans les trois derniers mois de sa session et qui avaient trait aux sujets les plus divers : divorce ; restriction de l'immigration, surtout de celle des Chinois ; questions ouvrières, agraires ; enfin question de la banque de la Nouvelle-Zélande, près de tomber en déconfiture sous l'exagération de ses prêts hypothécaires. Dans cette dernière discussion il y eut deux séances qui, commencées à 2 heures de l'après-midi se terminèrent l'une à 6, l'autre à 8 heures du matin : c'est dans ces conditions que fut votée une garantie de 80 millions de francs donnée par cette colonie dont le budget total ne dépasse guère 100 millions. Or, un an auparavant, le jeune et populaire ministre des finances avait déjà arraché à la Chambre, en une nuit, une première garantie de 50 millions en faveur de cette même institution, jurant que la situation lui était parfaitement connue, que la Banque serait désormais à l'abri de toute épreuve, comme il le répétait encore, au printemps de 1895, aux actionnaires de Londres !

Force the bills through the house, forcer la main à la Chambre pour faire passer ses projets, voilà la politique constante de tous ces gouvernements. En Nouvelle-Zélande, les séances se prolongent presque toutes jusqu'à minuit ou 1 heure du matin. La moitié d'entre elles est absorbée, il faut le dire, par les remaniements de lois votées à la hâte un ou deux ans auparavant et reconnues inapplicables ; en 1895, on s'occupait notamment d'amender ainsi une loi sur la vente des liqueurs alcooliques et une autre sur l'arbitrage entre patrons et ouvriers, adoptées en 1894, ainsi qu'une loi sur le travail dans les boutiques, *shops and shops' assistants act*, qui datait aussi de 1894 et en remplaçait une autre de 1892. Contre une pareille législation, l'obstruction parlementaire serait une protection ; mais on s'en est enlevé le bénéfice en limitant à une demi-heure le temps pendant lequel un orateur peut parler.

Comment s'étonner que l'opinion publique commence à se dégoûter du régime parlementaire ainsi pratiqué, et que l'agitation en faveur du *referendum* prenne de la force dans toutes les colonies ? En Nouvelle-Galles du Sud, le *referendum* est, on l'a vu, dans le programme du gouvernement actuel ; en Nouvelle-Zélande il a fait l'objet d'un projet de loi présenté au Parlement, et partout, on s'en préoccupe. D'ici peu d'années, on l'adoptera sans doute. Mais il est à craindre que cette réforme n'améliore guère les mœurs politiques australiennes. Si l'on a recours au vote populaire, chaque fois qu'il y a désaccord entre les deux Chambres comme on projette de le faire, on hâtera seulement l'adoption inconsidérée de projets de loi sans consistance. L'esprit dans lequel sont pratiquées les institutions a plus d'importance peut-être que ces institutions elles-mêmes ; et cet esprit en Australie est impatient et brouillon.

Le régime parlementaire est un mécanisme délicat, bien fragile entre les rudes mains de la démocratie, toujours un peu brutale et peu disposée à admettre les ménagements et les concessions qui peuvent seuls en rendre le fonctionnement possible. Il exige d'ailleurs la présence de deux partis nettement tranchés, ayant chacun leurs principes, leurs traditions, leur personnel. Ces conditions n'ont jamais été réalisées en Australie, et l'on s'en éloigne de plus en plus depuis que grandit le parti ouvrier qui, en promenant de droite et de gauche les votes de ses partisans, a obtenu des diverses coteries sans principes bien fermes qui se succèdent au pouvoir, le vote de nombreuses mesures législatives conformes à son programme. N'ayant en face de lui aucune opposition fortement organisée, il tient dans une dépendance plus ou moins complète les gouvernements des principales colonies, Victoria, Nouvelle-Galles, Australie du Sud et Nouvelle-Zélande surtout.

Ces méthodes opportunistes ont valu au parti ouvrier australien les reproches des révolutionnaires européens. Ils l'ont accusé de s'être laissé domestiquer et leurrer. Un écrivain de la *Revue socialiste* disait même récemment qu'il n'avait jamais pu se résoudre à répondre affirmativement à cette question : « Y a-t-il un mouvement socialiste en Australie ? » et il ajoutait ensuite : « En grande pompe et en cérémonie, les représentants du capitalisme concèdent de temps à autre à la classe ouvrière quelque petite loi, quelque vague promesse, quelque privilège innocent, quelque aumône chétive… Dans la pratique des discussions parlementaires où ils (les députés ouvriers) se mêlent chaque jour, l'épée luisante de l'idéal est prudemment gardée au fourreau et l'on ne se sort que du fleuret moucheté de l'opportunisme… Un des représentants du parti ouvrier se lève, pour démontrer qu'au lieu de dépenser l'argent pour le profit de tel et tel, il faudrait l'employer dans l'intérêt des ouvriers mal à l'aise de tel ou tel métier. Le gouvernement a immédiatement en réserve quelque petit chemin de fer projeté qui, en réalité, n'aura d'autre utilité que de gaspiller de l'argent et de sauver le gouvernement, mais qui pour le moment va ouvrir toute une province à défricher et donner du travail à des milliers d'hommes... C'est ainsi que les gouvernements successifs des colonies ont dépensé inutilement des millions qui n'ont profité à personne, leur devise étant toujours : Après nous le déluge ! » On ne saurait mieux exposer la tactique du parti ouvrier, ni critiquer plus justement le gaspillage et l'énorme accroissement des dettes publiques auxquels a donné lieu l'abus des prétendus *reproductive works*, travaux reproductifs, — ce mot est l'équivalent, dans le jargon électoral australien, de cette autre expression si souvent entendue chez nous depuis vingt ans : augmenter l'outillage de la France — qui n'ont rien produit, mais ont rendu chronique la plaie des sans-travail. C'est, toutefois, être bien intransigeant que de traiter d'aumônes chétives les importantes lois dont les socialistes n'ont que trop facilement obtenu le vote, en suivant une méthode plus conforme à l'esprit anglo-saxon qu'à l'idée révolutionnaire.

Le grand desideratum du prolétariat, la journée de huit heures, est en vigueur dans la plupart des métiers en Australie et a été obtenue par les seuls efforts des syndicats, sans aide législative. La rareté des ouvriers habiles pendant la grande période d'effervescence des mines d'or a favorisé les hauts salaires et les courtes durées de travail. Les trade-unions se sont trouvées ensuite assez fortes pour maintenir ces conditions et y ont été encore aidées par l'inflation générale qui a signalé la période de grande prospérité, en partie factice, de l'Australie de 1871 à 1892. Pendant ce temps, il n'a pas été introduit dans ce pays moins de 7 milliards 200 millions nets de capitaux européens, dont plus de la moitié en emprunts publics. Les salaires sont restés très élevés, malgré les courtes journées, le plus simple manœuvre gagnant 8 à 9 francs par jour ; les syndicats ne rencontraient que peu de résistance et en profitèrent pour assurer leur puissance.

Ils voulurent la mettre, à l'épreuve en 1890-91, mais les grandes grèves qu'ils organisèrent alors dans les industries maritimes et parmi les mineurs des houillères de la Nouvelle-

Galles du Sud échouèrent complètement. Le malaise résultant des excès de spéculation se faisait déjà sentir ; les industriels, gravement menacés cette fois, s'unirent, et les grévistes durent renoncer à leurs prétentions. C'est depuis lors que le parti ouvrier s'est constitué *solidarity-party*, que des liens se sont noués entre les associations ouvrières des diverses colonies et que des mesures législatives d'un caractère socialiste prononcé ont été prises par les divers gouvernements qui s'étaient bornés, jusque-là, à soulager les sans-travail par des travaux publics de toute sorte.

Avant d'examiner cette législation, il convient de parler brièvement d'un point particulier du mouvement ouvrier australien, le socialisme rural des tondeurs de moutons. Très nombreux dans ce pays qui compte 120 millions de bêtes à laine, ils forment une population à demi nomade qui se déplace d'un *run* ou parcours de mouton à un autre ; ils sont accompagnés de ce qu'on appelle les *rouseabouts*, gens souvent sans aveu, qui font tous les petits travaux accessoires de la tonte, ramassent la laine, tiennent des cantines, etc. Les tondeurs eux-mêmes se recrutent dans les couches les plus inférieures de la population coloniale. Leurs divers syndicats sont réunis en une fédération générale, et les grèves, au moins partielles, qui éclatent tous les ans, revêtent un caractère de violence qu'ont très rarement les grèves urbaines. La grande grève de 1894 a révélé des tendances et des moyens de propagande tout à fait anarchistes. Des agitateurs parcouraient le pays en tenant des discours et distribuant des pamphlets incendiaires. Les parlements sont formés « de comités de voleurs corpulents, d'escrocs bien élevés, d'orateurs prostitués, d'abjects vendus… L'arbre de la liberté ne porte des fruits que lorsqu'il a été fumé avec les os de ces gras usuriers, de ces insolents despotes. » On engageait les grévistes « à étudier la science de la mort, à employer les balles, l'acier, la mélinite, les torpilles, le poison, les explosions. » Des hangars, des bateaux chargés de laine furent brûlés ; des tondeurs, non affiliés au syndicat, enlevés, enchaînés et retenus dans des endroits écartés ; d'autres furent même tués à coups de fusil. Plus atroces encore furent les cas d'empoisonnement : une tentative de ce genre fut faite de nouveau dans le Queensland en 1895, pendant mon séjour en Australie, et faillit coûter la vie à plusieurs dizaines de personnes. Sans doute les chefs des trade-unions n'approuvaient pas ces sauvageries, mais ils n'osaient les répudier ouvertement : aucun député, aucun journal ouvrier n'a manifesté publiquement son indignation. La notion de la liberté du travail, en Australie comme en Europe, a complètement disparu dans les milieux populaires. Un témoin oculaire de l'incendie d'un bateau par les grévistes, sur le Murray, me dit que l'impression générale parmi les ouvriers des grandes mines d'argent de Broken Hill, où il habitait, avait été celle-ci : « Il y a longtemps déjà qu'on aurait dû le brûler ; c'a toujours été un bateau étranger au syndicat » ; et mon interlocuteur, brave commerçant de détail, aisé pourtant et nullement révolutionnaire, tout en déplorant les violences, trouvait que les *squatters* avaient eu tort de ne pas accepter l'arbitrage, de vouloir aller jusqu'au bout de leurs droits. Toutes les grandes grèves récentes, ajoutait-il, ont échoué, et cela entretient une grande animosité parmi les ouvriers. Grâce au socialisme des tondeurs de moutons, les représentants de certains districts ruraux sont parmi les plus révolutionnaires des parlements australiens.

III

L'influence des doctrines socialistes se fait sentir dans toutes les parties de la législation australienne : lois sur les terres et sur le travail dans les manufactures, système d'impôts, tendance générale de l'Etat à se faire industriel et commerçant, à empiéter de plus en plus sûr le domaine de l'initiative privée.

C'est la législation terrienne qui a surtout attiré dans ces dernières années l'attention des gouvernements désireux de résoudre cette éternelle question des sans-travail, toujours aiguë en Australie. On avait longtemps entretenu le mal en exécutant des travaux publics inutiles. La cause profonde de la surabondance des gens sans emploi dans ce pays si neuf était manifestement l'excès de la population urbaine ; pour le guérir, il fallait donc s'efforcer d'augmenter la population rurale, et donner aux sans-travail des terres dont la culture les ferait vivre, tandis que les métiers urbains étaient incapables d'assurer leur subsistance : *settle the people on the land*, placer les gens sur la terre, telle est la formule répétée à l'envi par tous les politiciens des antipodes ; et pour obtenir ce résultat, les diverses colonies ont, depuis une dizaine d'années et surtout depuis 1892, profondément altéré leur législation sur les terres.

Dans les lois passées par les diverses colonies de 1884 à 1888, le système de la vente à action des terres publiques fut de plus en plus abandonné ou du moins fort restreint et remplacé par la vente à prix fixe soit au comptant, soit à paiements répartis en quinze ou vingt annuités et sous condition de faire certaines améliorations, notamment des clôtures, dans un délai donné, et souvent aussi de résider sur la terre ; les étendues qui pouvaient être achetées par une même personne furent limitées à quelques centaines d'hectares, ce qui n'est pas énorme dans un pays tel que l'Australie. L'ensemble de cette législation était assez sage : elle empêchait l'accaparement du domaine public par des spéculateurs, comme cela avait eu souvent lieu antérieurement. Elle contenait, cependant, déjà le germe d'une intervention excessive de l'État dans les affaires des colons, et l'on pouvait y trouver la trace d'un esprit hostile à la grande propriété.

Ces dispositions se sont manifestées dans les lois plus récentes adoptées par toutes les colonies depuis 1890, sous la pression du parti ouvrier. La plus caractéristique est celle de la Nouvelle-Zélande, qui date de 1892.

Les traits distinctifs du régime actuel des terres, dit une publication officielle : *The official year book of New Zealand*, sont le résultat d'idées venues graduellement à maturité dans

70

cette colonie depuis quelques années. Ils comprennent le principe de la possession du sol par l'Etat, combiné avec une tenure perpétuelle de l'occupant : *State ownership of the soil with a perpetual tenancy in the occupier*. La plus grande partie des terres de la couronne sont en conséquence non pas vendues, mais louées à baux emphytéotiques de neuf cent quatre-vingt-dix-neuf ans, c'est-à-dire pratiquement à perpétuité. Deux autres modes d'aliénation ont, cependant, encore été maintenus, mais ne doivent pas être appliqués à plus de 100000 hectares par an : ce sont la vente au comptant, à prix fixe, et la location pour vingt-cinq ans ; dans ce dernier cas, l'occupant peut acheter le fonds après dix ans. La rente est fixée à 5 pour 100 du prix de vente au comptant dans le cas de location pour vingt-cinq ans et à 4 pour 100 seulement dans le cas de l'emphytéose. Les terres du domaine sont divisées en deux catégories : celles de la première se vendent au maximum 1 livre sterling par acre (62 fr. 50 par hectare), et nul n'a le droit d'en occuper plus de 256 hectares ; le prix maximum pour celles de la seconde est de 15 fr. 50 par hectare, et nul ne peut en occuper plus de 800 hectares. Si un colon possède déjà des terres en Nouvelle-Zélande, il faut défalquer leur surface de ces maxima de 256 et 800 hectares pour obtenir l'étendue qu'il peut encore acheter ou louer à l'Etat. Des précautions extrêmement minutieuses sont prises pour assurer la culture des lots par leurs occupants. Même dans le cas de vente au comptant, il n'est délivré à l'acheteur qu'un certificat d'occupation et il doit, avant sept ans, avoir fait des améliorations à raison de 62 fr. 50 par hectare s'il s'agit de terres de première classe ou de 31 fr. 25 pour celles de deuxième classe. C'est alors seulement qu'un titre définitif lui est remis. Pour les deux autres modes de tenure dont le dernier, le louage à neuf cent quatre-vingt-dix-neuf ans, est le favori de l'administration, la réglementation est plus minutieuse encore : obligation à la résidence pendant sept ou dix ans de suite ; amélioration à raison de 10 pour 100 du prix de vente la première année, puis de 10 pour 100 encore en deux ans, puis encore de 10 pour 100 on six ans ; nouvelles améliorations ultérieures jusqu'à concurrence de 62 fr. 50 ou 31 fr. 25 suivant la catégorie à laquelle appartient la terre : voilà ce qu'on exige du colon.

L'ensemble de ces mesures constitue à notre sens un affaiblissement notable du droit de propriété et une immixtion tout à fait excessive de l'État dans les affaires privées des particuliers. Ce droit de possession primordial qu'on attribue à l'État sur toutes les terres n'est qu'un retour aux principes des despotismes orientaux où le souverain a un droit absolu sur les biens de ses sujets : que le souverain soit un, ou la moitié plus un, comme dans les démocraties, ce n'en est pas moins là une maxime détestable. Sans doute un bail de neuf cent quatre-vingt-dix-neuf ans équivaut en pratique à une tenure indéfinie. Mais l'atteinte morale au droit de propriété est grave, malgré tout. Il s'en trouve une autre dans ces améliorations qu'on exige des colons, dans cette surveillance de l'administration qu'on leur impose pendant de longues années. Sans doute, dans un pays neuf, l'Etat peut exiger quelques garanties qu'on n'achète pas une terre pour en attendre la plus-value sans la mettre en valeur ; il a surtout ce droit lorsqu'il accorde des facilités de paiement. Mais il est dangereux de le pousser trop loin : on en arrive vite ainsi à faire diriger les exploitations des particuliers par des fonctionnaires peu compétents, comme autrefois cet intendant de Bordeaux qui prétendait interdire à Montesquieu de planter des vignes. On habitue les cultivateurs à être tenus en tutelle, on affaiblit leur esprit d'initiative, on écarte tous les hommes énergiques qui veulent avoir leurs coudées franches. Enfin l'extension démesurée d'un système de baux emphytéotiques pourrait bien n'être pas sans danger pour les budgets de pays démocratiques où les considérations électorales pèsent toujours d'un si grand poids sur les gouvernements. Sera-t-il toujours facile de faire payer ces rentes annuelles ? L'opinion publique n'obligera-t-elle pas à accorder des sursis, des remises dans les années malheureuses ? Ce sont toujours les finances de l'Etat qui souffrent le plus des expériences socialistes.

Ainsi compromis une première fois par la loi sur les terres de 1892, le droit de propriété n'a pas tardé à subir en Nouvelle-Zélande une autre et plus grave atteinte. Le gouvernement jugeant que le domaine public ne comprenait plus assez de bonnes terres, s'était déjà fait autoriser à traiter de gré à gré avec des particuliers pour leur en acheter. Une loi de 1894 lui a maintenant donné le droit d'exproprier toute personne, possédant un domaine d'un seul tenant dont l'étendue dépasse 400 hectares si la terre est propre à la culture, 800 hectares si elle est mi-agricole, mi-pastorale, 2000 si elle n'est propre qu'à la pâture. Si le prix offert par le gouvernement n'est pas accepté, une Cour spéciale le fixe après expertise. Voilà donc un maximum imposé à l'étendue de la propriété foncière et un maximum fort peu élevé dans un pays neuf tel que la Nouvelle-Zélande, grande comme la moitié de la France et peuplée de moins de 700000 habitants. C'est un premier pas vers le partage égal des terres. Sans doute cette loi n'est, en théorie du moins, qu'une mesure transitoire, votée pour six ans seulement. Mais qui peut garantir qu'elle ne sera pas rétablie au premier jour et peut-être aggravée ? Lorsqu'une fois on a ébranlé un principe aussi fondamental que la propriété, il ne dépend plus de ceux qui s'y étaient attaqués de le rétablir. Dans la pratique, d'ailleurs, la nouvelle loi paraît avoir déjà donné lieu à de graves abus provenant de l'immixtion de la politique dans son application.

Les autres colonies australiennes suivent l'impulsion donnée par la Nouvelle-Zélande. La Nouvelle-Galles du Sud, en 1895, a introduit, elle aussi, le principe de l'emphytéose : les *homestead sélections* que la nouvelle loi institue, sont des étendues de 512 hectares au maximum, mi-agricoles, mi-pastorales, qui sont louées d'abord pour cinq ans moyennant une rente fixée à 1 et quart pour 100 de la valeur du fonds. Au bout de ces cinq années le bail peut être transformé en bail perpétuel, la rente étant alors doublée ; en outre, — et c'est ici un pas de plus qu'en Nouvelle-Zélande, — l'occupant est tenu, en même temps qu'à certaines améliorations, à la résidence perpétuelle. L'autre trait le plus important de la loi, c'est le pouvoir accordé au gouvernement de reprendre aux *squatters* une portion des terres qui leur sont affermées, en leur accordant pour toute compensation une réduction proportionnelle de la rente qu'ils payent à l'Etat et une prolongation de bail pour ce qui leur est laissé. Sans avoir la même gravité que le système d'expropriation forcée établi en Nouvelle-Zélande, cette mesure n'en jette pas moins un trouble profond et une fâcheuse instabilité dans l'industrie pastorale.

Les fréquents changements de la législation terrienne, auxquels se livrent depuis quelques années les colonies d'Australasie, sont en eux-mêmes un très grand mal. Toute œuvre agricole est une œuvre de longue haleine, nécessitant remploi de capitaux qui ne peuvent être amortis qu'après un grand nombre d'années ; plus que d'autres peut-être, les lois sur les terres devraient être empreintes d'un caractère de fixité presque absolue. Tant que les modifications ne s'appliquaient qu'à la manière d'aliéner le sol du domaine public, elles avaient relativement peu d'importance ; aujourd'hui qu'on prétend remanier la distribution de ce qui a déjà été vendu ou loué, l'instabilité des lois a pour conséquence l'instabilité dans la tenure du sol, ce qui est infiniment plus grave. Or depuis quinze ans la législation terrienne a été profondément remaniée trois fois en Nouvelle-Galles du Sud, autant en Victoria et en Nouvelle-Zélande, quatre fois dans le Queensland et l'Australie du Sud. « Avec ces changements continuels, on ne peut plus rien entreprendre, me disait un jeune *squatter*, rencontré sur le paquebot qui me portait d'Australie au Gap de Bonne-Espérance ; je vais voir l'Afrique du Sud, et si le pays me parait favorable je m'y établirai. « Voilà l'effet qu'une législation instable mais presque toujours hostile aux grands propriétaires de troupeaux, produit sur cet élément essentiel de la prospérité de l'Australie.

Les idées qui prévalent actuellement dans ce pays au sujet de la propriété, ont été inspirées en grande partie par le désir de donner des terres à l'excès inoccupé de la population urbaine, dépourvue de capitaux suffisants pour acheter la terre au comptant. L'œuvre est déjà difficile de transformer un ouvrier en cultivateur ; les colonies australiennes ne l'ont pas jugée pourtant assez compliquée ; elles y ont joint une expérience socialiste de culture du sol en commun. La Nouvelle-Zélande est entrée la première dans cette voie ; puis le mouvement a passé en 1893 sur le continent australien, où son caractère communiste s'est fort accentué, notamment dans Victoria et dans l'Australie du Sud. J'ai eu la bonne fortune de me trouver dans cette dernière colonie au moment où se faisait une enquête parlementaire sur les communautés créées par la loi de décembre 1893, sous le nom de *village settlements*, et j'ai pu me rendre compte des conditions dans lesquelles se poursuivait cette curieuse expérience.

La loi que je viens de citer prévoit la constitution de *village associations* devant comprendre au moins vingt personnes et auxquelles le gouvernement peut louer une étendue de terres de 64 hectares par tête, au plus ; il peut, en outre, leur faire une avance maxima s'élevant à autant de fois 50 liv. st. que l'association comprend de membres. Une somme de 6 fr. 25 par hectare doit être dépensée chaque année en améliorations (*improvements*). Au bout de trois ans, l'association commencera à rembourser les avances reçues de l'Etat, avec les intérêts à raison de 5 pour 100 l'an ; elle devra se libérer complètement en dix annuités. Chaque association sera dirigée par un *board*, comprenant au moins trois *trustees* élus par ses membres ou *villagers* et parmi eux ; les différends au civil seront réglés par arbitrage ; aucun membre n'aura, dans les terres louées à l'association, d'intérêt séparé et propre, en dehors du droit de possession et d'usage de la part qui peut lui être allouée par le *board of trustees*. Les règlements qui organiseront le travail et l'existence dans les divers villages seront soumis à l'approbation du ministre des terres.

Celui-ci a d'ailleurs rédigé en personne un règlement modèle, qui a été adopté par presque toutes les associations sans changements notables. Ce document, qui vaut d'être analysé, énumère d'abord les personnes qui ne peuvent être admises dans les *villages*, telles, par exemple, que les Asiatiques. Il n'est point interdit aux femmes de devenir membres des associations, mais, dans la plupart des cas, elles n'ont pas été admises, et les hommes seuls participent aux délibérations. L'admission d'un *nouveau* membre peut être prononcée par le *board of trustees* qui a qualité aussi pour décider l'expulsion de tout villageois en cas d'insubordination, de désobéissance aux règlements, d'absence non autorisée, etc. L'expulsé peut, toutefois, en appeler à l'assemblée générale de l'association votant à la majorité simple. En cas d'expulsion, de démission ou de décès, toute la part d'intérêt du membre disparu fait retour à l'association ; l'héritage est donc supprimé ou du moins subordonné au bon vouloir des *trustees*, qui peuvent allouer un secours à la veuve ou à tel ou tel membre de la famille d'un villageois décédé, ou même leur transférer sa part. Les *trustees* sont les véritables omniarques de Fourier. Elus pour un an et rééligibles, ils sont au nombre de cinq et choisissent un président qui les convoque au moins une fois par mois. Leurs pouvoirs sont énumérés par le règlement on vingt articles et s'étendent à tout : ils sont chargés des relations de la communauté avec le gouvernement ; de la direction des travaux de culture de la terre, de construction des bâtiments et autres, ainsi que de toutes les industries qu'ils jugent bon d'établir ; de l'achat et de la distribution de tout ce qui est nécessaire à l'association et à l'entretien de ses membres ; de la vente de ses produits. Ils dirigent et surveillent le travail des villageois, en déterminent la durée ; peuvent leur interdire de se livrer à un travail, quel qu'il soit, s'ils le jugent nuisible aux intérêts de l'association ; administrent ses magasins et dépôts ; fixent les allocations qui seront faites aux villageois et à leurs familles sous forme de coupons à échanger contre des denrées dans les magasins ; veillent à la santé publique, au maintien du bon ordre et de la discipline ; ont le droit d'infliger des amendes jusqu'à concurrence de 250 francs, d'augmenter le nombre des heures de travail d'un villageois, ou de diminuer les allocations qu'il touche pour punir les infractions aux règlements ; enfin ils nomment et révoquent le secrétaire, le trésorier, le médecin de l'association et tous autres employés, et en définissent les fonctions.

Les deux tiers des bénéfices seront distribués à titre de dividende, et toujours également entre les membres de l'association. Si l'un d'eux s'est trouvé incapable de travailler pendant un certain temps, sa part n'en sera pas diminuée.

Les villageois sont tenus d'être obéissants et respectueux à l'égard des *trustees* ; ils devront résider sur la portion de terrain qui leur aura été allouée par le *board of trustees*, sauf pendant les absences que celui-ci aura autorisées (un congé de quinze jours par an est de droit) ; ils ne devront entreprendre aucun travail particulier à l'intérieur ni à l'extérieur du village, ni acheter ou vendre quoi que ce soit, sans avoir reçu l'autorisation des *trustees*. Si l'assemblée générale décide que tout ou partie des gains des villageois, qu'ils aient été faits au sein de la communauté ou en dehors, doit être versée au fonds commun, ils sont tenus d'obéir. Les effets personnels de chacun d'eux, mobilier, vêtements, livres, ustensiles déménage, restent leur propriété particulière, mais tous leurs outils et instruments de production passent à l'association ; ils sont simples usagers du terrain qui leur a été alloué pour y habiter, et ne doivent pas en être considérés comme propriétaires ni même fermiers.

L'association est chargée de l'entretien des villageois : les trustees déterminent le nombre de coupons alloués à chacun d'eux suivant le nombre, le sexe et l'Age des membres de sa famille ; ils seront touchés tous les vendredis par les intéressés, qui recevront en échange, dans les magasins de l'association, des provisions de bouche et des vêtements. Ces coupons leur assureront aussi des secours médicaux.

La dissolution de l'association pourra être prononcée par l'assemblée générale, à la condition que toutes les avances faites par l'Etat et les autres dettes, s'il y a lieu, aient été remboursées ; les terres pourront alors être partagées entre les membres.

Bien que les treize associations de village qui se sont organisées n'eussent pas plus de quinze à dix-huit mois d'existence au moment de l'enquête parlementaire d'octobre 1895, celle-ci a provoqué des révélations fort intéressantes sur les résultats de ces expériences communistes. Un fait en ressort d'abord très nettement : le déplorable état des finances de toutes les associations ; elles doivent à l'Etat, à des marchands, à tout le monde. Le maximum de 1250 francs par membre, avancé par l'Etat, est largement dépassé ; un seul des villages ne demande pas de nouvelles avances, mais se déclare dans l'impossibilité de commencer les remboursements à l'époque prévue par la loi ; les dettes de la plus obérée des treize communautés atteignent 128 livres sterling (3 200 francs) par tête. Les suppléments d'avances demandés varient de 1 250 à 2 500 francs par villageois ; sans quoi, disent les témoins, nous serons obligés d'abandonner notre œuvre. Deux ou trois associations espèrent pouvoir s'en tirer, même si on leur refuse les avances nouvelles qu'elles réclament ; mais les termes dont se servent leurs membres, *drag through, struggle through*, indiquent que ce ne sera point sans grande peine.

Les résultats obtenus sont-ils du moins en proportion des dépenses faites ? Il ne le paraît guère. Par défaut d'expérience, par manque d'union aussi entre les villageois, on a trop souvent travaillé en pure perte. Dans l'une des communautés, après avoir défriché une pièce de terre, on n'a pu s'entendre sur ce qu'il fallait y planter, et elle est restée en jachère ; ailleurs, pour satisfaire tout le monde, on a essayé simultanément quantité de cultures diverses, dont la plupart n'ont pas prospéré. L'aspect des villages est, du reste, misérable ; les maisons n'ont le plus souvent que deux, ou même qu'une seule pièce. A Murtho, l'un des villages relativement prospères, le coût de l'entretien d'un adulte n'est que de 2 sh. 6 d. (3 fr. 15) par semaine, vêtements non compris, ce qui n'indique pas un *standard of life* bien élevé ; ailleurs on descend à 2 shillings (2 fr. 50). L'une des communautés est restée plusieurs mois sans viande, et cependant en Australie, même dans les grandes villes, le prix du mouton descend à 3 ou 4 pence (30 ou 40 cent.) la livre ; dans les campagnes, il est plus bas encore.

On s'explique ces déplorables résultats lorsqu'on est instruit des méthodes de travail en vogue dans les villages : « A sept heures et demie, répond le président de l'association de Gillen à la commission d'enquête, nous sonnons la trompe ; à huit heures, nous nous mettons au travail ; nous avons un quart d'heure pour fumer, entre dix et onze, puis nous dînons à midi. Le travail est repris à une heure ; à trois heures et demie, repos d'un quart d'heure, et à cinq heures nous rentrons chez nous. » C'est la journée non pas de huit heures, mais de sept heures et demie, qu'on applique ainsi, été comme hiver, à cette œuvre si étroitement dépendante des circonstances atmosphériques qu'est l'agriculture ! Le spectacle serait burlesque s'il n'était attristant. Il semble pourtant que les villageois soient parfois plus durs pour les membres de leur famille que pour eux-mêmes. A Holder, la Commission d'enquête arrivant, à six heures du matin, ne trouve personne dans les champs, qu'une femme coupant du vert pour les vaches : « Trouvez-vous bien qu'une femme soit dehors à travailler lorsque les hommes ne font rien ? demande-t-on au président de l'association. — Oh ! elle était sans doute dehors pour sa santé, « répond-il ironiquement. On constate d'ailleurs, dans ces villages, une répugnance générale à admettre les femmes à délibérer, bien qu'une campagne ardente et couronnée de succès ait été menée l'année précédente pour leur accorder les droits politiques dans cette colonie même de l'Australie du Sud.

Avec les mauvaises méthodes de travail, le manque d'entente entre les membres est la principale cause de l'insuccès de ces associations communistes : le despotisme des *trustees* organisé par les règlements a été tempéré par de petites révolutions ; telle communauté a eu quatre présidents en quinze mois ; rarement les *trustees* sont arrivés au terme de leur mandat. Souvent on ne s'en est pas tenu aux discussions, mais des rixes, des agressions ont eu lieu sans qu'on pût obtenir le châtiment des coupables. « Votre agresseur a-t-il été puni ? demande-t-on à un *trustee* du village de Holder, assailli pendant qu'il travaillait. — Non. Beaucoup de villageois croient que la justice ne peut les atteindre ici et qu'il n'y a aucun recours. — Pensent-ils donc qu'ils peuvent commettre des agressions ou même des meurtres impunément ? — Oui. — Pourquoi ne vous êtes-vous pas plaint, conformément au règlement ? — J'ai été attaqué par un autre *trustee*, et j'aurais eu trois *trustees* sur cinq contre moi. » Le même témoin raconte qu'un villageois ayant été assailli et ayant eu un membre brisé, les *trustees* ont décidé son expulsion, mais rassemblée générale a refusé de la voter ; nombreux ont été les autres cas de violence dans ce village ; partout il y en a, du reste, et partout la justice est aussi boiteuse.

A Lyrup, ce sont des vols qui restent impunis, quoique les voleurs eussent été arrêtés. Les expulsions très nombreuses semblent, au contraire, avoir été prononcées pour des motifs futiles, parce que certains membres ne partageaient pas la manière de voir du parti dominant. Les départs volontaires ont été plus fréquents encore ; l'un des villages n'a plus que 9 membres au lieu de 23 ; un autre s'est scindé en deux portions, qui n'ont ensemble que 49 membres au lieu de 67 à l'origine ; un troisième est tombé de 100 à 65.

L'expérience a donc été triste, mais concluante. En présence de l'impossibilité d'obtenir un travail régulier et de maintenir l'ordre dans ces communautés, dont la plus vaste ne compte pourtant que 100 associés et 350 habitants en tout, il s'est formé dans chacune d'elles un parti individualiste, composé surtout de ceux qui ont quelque connaissance de l'agriculture, tandis que les anciens ouvriers des villes, les *mechanics*, restent en grande partie communistes. « J'étais un partisan de la coopération socialiste, déclare un témoin, mais, depuis, j'ai passé six mois ici ; le régime actuel ne vaut rien. » Et de toutes parts des villageois déclarent que le système est pourri, que jamais on ne réussira dans cette voie, que l'application de la journée de huit heures est absurde. « Etiez-vous communiste quand vous êtes arrivé ici ? demande-t-on à l'un des habitants du village de Pyap. — J'étais un grand partisan de la terre pour le peuple (*the land for the people*). Je croyais que nous allions être comme frères et sœurs. — Cela a-t-il marché ? — Non, j'ai vu que cela ne pouvait pas marcher. — Croyez-vous à « la terre pour le peuple » maintenant ? — Non, je crois à la terre pour moi. » Et le témoin demande qu'on répartisse la terre en lots individuels.

Il en coûte au gouvernement de l'Australie du Sud de se résigner à l'insuccès définitif de ces communautés de villages auxquelles on avait pompeusement donné les noms des divers membres du ministère qui les a instituées. Aussi se préparait-on à modifier la loi qui les régit, à porter à 100 livres sterling par tête l'avance maximum de l'Etat, à soumettre les associations à la surveillance étroite du ministre des terres, qui aurait le pouvoir de révoquer les *trustees* et d'expulser les villageois. Mais ceux-ci montrent la plus grande répugnance à laisser l'État s'immiscer dans leurs affaires. Tout fait prévoir que, malgré les modifications qu'on pourra y apporter, l'expérience échouera définitivement, comme elle a échoué, en somme, en Nouvelle-Zélande, sous une forme moins caractérisée, comme elle échoue aussi en Victoria, où les membres de ces associations sont fort redoutés de tous leurs voisins à cause de leurs habitudes de maraudage.

A côté des expériences communistes de culture du sol, on a tenté de favoriser la petite propriété individuelle en donnant aux agriculteurs de plus grandes facilités pour emprunter. Le besoin d'institutions de crédit foncier se fait certes vivement sentir dans les colonies australiennes ; les banques ordinaires s'y étaient, dans les dernières années, livrées, avec la plus grande exagération, aux prêts sur hypothèques, pour lesquels elles ne sont point faites, et il en était résulté la catastrophe financière de 1893 sur le continent australien, ainsi que le désastre plus récent de la Banque de Nouvelle-Zélande.

Ces opérations sont très délicates dans des colonies où les terres ont été l'objet d'énormes spéculations qui en ont artificiellement enflé la valeur, et où l'existence d'un grand nombre de terres encore vacantes rend très difficile, en cas de vente forcée d'une propriété, d'en retirer une somme en proportion avec les améliorations qui y ont été effectuées. Néanmoins, c'est l'Etat qui veut encore se charger de cette œuvre d'autant plus périlleuse pour lui qu'il se voit sans cesse entraîné à céder à des considérations électorales dans l'application. La Nouvelle-Zélande est la seule colonie qui ait voté jusqu'à présent une loi organisant ce crédit foncier par l'État : en 1894, le gouvernement a reçu l'autorisation d'avancer aux colons des sommes ne devant pas dépasser les trois cinquièmes de la valeur de leur propriété, ni 62 500 francs en tout ; ces sommes sont remboursables en trente-six annuités de 6 pour 100, intérêt et amortissement compris. 75 millions de francs devaient être empruntés à cet effet ; la moitié le fut au printemps de 1895, et il y a un an, à l'ouverture de la session parlementaire, 10 millions avaient déjà été prêtés. Malgré cela, « beaucoup de colons, dit le discours d'ouverture du gouverneur, se plaignent que leurs demandes d'emprunt n'aient pas été prises en considération, comme elles auraient dû l'être. Toutefois la manière d'appliquer la loi ne dépend pas de mes ministres. Vous voudrez bien, j'espère, considérer sérieusement cette question. » Ceci veut dire évidemment qu'on compte se montrer plus coulant sur les conditions exigées pour être admis à recevoir des avances, et plus complaisant dans les évaluations des propriétés. Si récente que soit la loi, on peut déjà prévoir que les finances néo-zélandaises n'en seront guère améliorées.

Les autres colonies s'apprêtent cependant à suivre cet exemple ; dans l'Australie du Sud, le gouvernement voulait même fonder une banque d'État qui aurait été à la fois crédit foncier, caisse d'épargne et banque d'émission. Les grands réformateurs ne jugent jamais les questions assez compliquées et greffent sans cesse projets sur projets ; ceux du gouvernement sud-australien ont rencontré une grande opposition à la Chambre et n'ont pu être votés.

Le mouvement que toutes ces innovations en matière de législation terrienne prétendent favoriser, la transformation en agriculteurs de l'excès inoccupé des habitants des villes, est, certes, digne de l'être. Il ne faut pas se dissimuler toutefois que c'est une œuvre très difficile en toutes circonstances de faire un agriculteur d'un ouvrier des villes, surtout d'un ouvrier australasien, plus exigeant qu'aucun autre et qu'hypnotise le dogme des huit heures de travail. J'ai entendu bien souvent vanter à l'étranger le régime de la petite propriété française, mais il m'a semblé qu'on s'y rendait bien peu compte des habitudes de travail prolongé, de sobriété, d'économie des moyens et petits cultivateurs de notre pays ; l'idée d'appliquer à leur tâche la mesure uniforme des sept heures et demie de travail des villageois communistes de l'Australie du Sud ne leur serait assurément pas venue à l'esprit. Mais les idées hostiles au droit de propriété, au développement desquelles elle a servi de prétexte, et l'instabilité qui s'en est suivie, ont rendu tout à fait néfaste cette tentative de transformer des travailleurs urbains en agriculteurs.

On n'a point satisfait ceux dont on voulait assurer le bonheur ; on a mécontenté, inquiété, et l'on commence à faire fuir les grands propriétaires qui ont fait jusqu'à présent la prospérité des colonies ; par contre-coup, on a atteint ces sans-travail mêmes qu'on voulait soulager. Un grand capitaliste ne me disait-il pas à Wellington, en Nouvelle-Zélande, qu'il avait renoncé à faire exécuter, dans une de ses propriétés, des travaux de drainage susceptibles d'occuper plus de cent hommes pendant plusieurs semaines, parce qu'on allait prochainement l'exproprier pour répartir son domaine en un grand nombre de petits lots ?

IV

Tout en s'efforçant d'en diminuer le nombre, les gouvernements australasiens n'ont pas négligé de s'occuper des ouvriers des villes. Ceux-ci avaient cependant veillé à leurs intérêts d'eux-mêmes, et les métiers où la journée de huit heures n'est pas en usage sont rares. N'ayant pas légiféré à ce sujet, les gouvernements ont du moins donné une consécration légale à la fête annuelle que les Trade-Unions célèbrent en l'honneur de la journée de travail « normale ». Cette fête n'a pas lieu en Australie le 1er mai, ni à la même date dans toutes les colonies. J'y assistai à Sydney le 7 octobre 1895. Tous les établissements officiels étaient fermés ce jour-là, même les bureaux de poste à partir de 9 heures du matin ; les boutiques l'étaient également. C'était du reste une véritable fête, non une journée de manifestations. Le trait le plus caractéristique en fut la procession des syndicats, dans George Street, la grande artère de la ville : une interminable série d'énormes panneaux de toile, portés par douze hommes, couverts de figures allégoriques, avec les noms des corps de métier et des inscriptions de circonstance : « Huit heures de travail, de loisirs, de repos » ; — « Unis nous tenons ferme, divisés nous tombons » ; — « Unis pour protester, non pour nuire » (ceci pour les métiers qui n'avaient pas encore obtenu la journée de huit heures). Quelques chars aussi, avec tableaux vivants symboliques ; en tête l'un des principaux chefs des syndicats, assez mal à son aise sur un cheval, précédé de trois personnages accoutrés en gendarmes ; de place en place, d'autres chefs, ceints d'écharpes et d'insignes divers. L'ensemble était loin de valoir les cortèges du même genre en Europe ou en Amérique ; mais en ce pays sans armée, où l'on ne voit jamais d'uniformes, où les parades sont rares, beaucoup de monde se pressait au passage du cortège ; les enfants le précédaient ou l'accompagnaient comme ils font chez nous des troupes. La foule, très calme comme en tout pays anglo-saxon, approuvait sans bruit, riait, applaudissait fort rarement. Une seule fois elle se réchauffa un peu, c'était au passage d'un char symbolique sur lequel, d'un côté, un ouvrier ébéniste blanc travaillait posément à un meuble, tandis que de l'autre un individu déguisé en Chinois, sa longue tresse enroulée sur le sommet de la tête, se démenait comme un diable. Au-dessus était inscrit en grosses lettres : « Quel est votre homme ? » A l'accueil de la foule, on comprenait combien est intense l'animosité que la crainte d'une concurrence « déloyale », plus encore que la haine de race, inspire aux colons d'Australie contre les « Mongols ».

Les lois ouvrières ont donc surtout porté sur le travail des femmes et des enfants : c'est en Nouvelle-Zélande qu'on peut encore, sur ce point, se rendre le mieux compte des tendances dominantes en Australasie : « Sous bien des rapports, dit, avec orgueil, *the official Year Book of New Zealand*, nos lois sur le travail sont en avance sur la législation existante ailleurs... » Etudions donc ces lois, puisque c'est des antipodes aujourd'hui que nous vient la lumière.

Le travail des enfants au-dessous de 14 ans est absolument interdit : tant qu'ils n'ont pas 16 ans ils doivent justifier, pour pouvoir travailler, que leur instruction atteint un certain niveau. Aucune femme ni aucun enfant âgé de moins de 16 ans ne peut être employé pendant plus de huit heures par jour, ni entre 6 heures du soir et 8 heures du matin dans aucun atelier ou manufacture (*workroom or factory*), et ces mots s'entendent de tout bureau, bâtiment ou lieu quelconque où travaillent plus de deux personnes salariées ; les blanchisseries, boulangeries, laiteries, sont comprises parmi les manufactures, ce terme étant entendu dans son sens le plus large. Le travail du dimanche est interdit, et, en outre, comme le dimanche anglo-saxon est un triste jour de fête, toutes les femmes et les jeunes gens de moins de 18 ans doivent avoir au moins un demi-jour de congé par semaine. Par les lois de 1892 et 1894, cette prescription a été étendue aux boutiques et magasins de vente au détail : le travail des femmes et jeunes gens y est limité à neuf heures et demie par jour, repas compris, sauf un jour par semaine où il peut durer deux heures de plus. Depuis 1894, l'après-midi de congé accordée aux employés est la même pour tous, sauf dans quelques commerces spéciaux, et est déterminée par les autorités locales. Ce jour-là, tous les magasins et boutiques doivent être fermés à 1 heure ; sont exemptées les boutiques tenues par des Européens où eux et leurs enfants sont seuls employés et où l'on se livre à quelques commerces spéciaux : fruiterie, pâtisserie, etc. Toutes ces minuties, au milieu desquelles sont perdues quelques bonnes mesures, constituent au premier chef ce que l'on a si bien appelé *grand motherly legislation*, législation de grand'mère. Son premier inconvénient, c'est son manque d'élasticité. Malgré les vingt ou quarante jours où un travail supplémentaire de trois heures est permis, bien des industries, — notamment celle des confections, — qui comportent des alternances de morte-saison et de travaux pressés, en sont extrêmement gênées. Elle donne lieu à des tracasseries sans nombre. On est unanime surtout à se plaindre du *shops and shop's assistants act*, loi sur les magasins de vente au détail. La permission de vendre des fruits et des gâteaux, mais non des légumes ou du pain, pendant la demi-journée de congé, a donné lieu à des discussions byzantines sur la nature de quelques produits tels que les tomates, d'autant que les mêmes commerçants sont parfois boulangers et pâtissiers, vendeurs de fruits et de légumes. On les oblige à faire disparaître de leurs étalages celles des denrées dont la vente est interdite. Un commerçant me racontait qu'il avait eu de sérieux ennuis parce que les fenêtres du premier étage de son magasin étaient ouvertes pendant le demi-congé pour cause de réparation. Ce sont là de petits faits, mais c'est leur accumulation qui rend insupportables à tous ces lois insuffisamment mûries et tracassières, qui finissent par décourager le commerce et l'industrie.

Malgré elles d'ailleurs et malgré les mesures plus ou moins semblables adoptées par les autres colonies d'Australasie, on n'en retrouve pas moins dans les grandes villes, à Melbourne surtout, d'effroyables misères et tous les excès du *sweating system*, exactement comme dans l'*East-*

End de Londres. Il sévit surtout dans les industries de la confection et de l'ébénisterie, où se pratique en grand le travail à la tâche à domicile. Chose curieuse, lorsqu'on a entendu les déclamations des démagogues contre la grande industrie et ces « bagnes » que sont les vastes ateliers ! le gouvernement de Victoria a cru devoir proposer, pour remédier au mal, d'interdire le travail à domicile dans un grand nombre de cas, et d'obliger à le concentrer dans des manufactures. On espère ainsi supprimer la concurrence que font aux ouvrières dont les travaux d'aiguille sont le seul gagne-pain, celles qui ne cherchent en s'y livrant qu'à se procurer un superflu. On y arrivera sans doute ainsi, mais ne craint-on pas de priver aussi de tout moyen d'existence des femmes qui sont obligées de rester chez elles pour veiller sur des enfants en bas âge et qui ne pourront plus travailler ? Ce même *anti-sweating bill* contient aussi des dispositions draconiennes à l'égard des Chinois dont la concurrence est l'une des principales causes des bas salaires dans l'ébénisterie. Tout local où travaille même un seul Chinois est considéré comme une manufacture et tombe sous le coup des règlements qui les concerne. On espère ainsi élever le *standard of life* des Célestes, et par suite leurs salaires ; de plus il leur est interdit de travailler, fût-ce à domicile, entre 5 heures du soir et 7 heures du matin. Arrivera-t-on ainsi à supprimer le *sweating* ? Il est à craindre que non, car les causes profondes du mal sont dans l'énorme afflux d'immigrants de toute sorte qui se sont précipités à Melbourne depuis la découverte de l'or, et particulièrement pendant le *boom*, la période d'énorme spéculation, de 1880 à 1890 où cette ville a passé de 282000 à 490000 habitants. Dénués d'habileté professionnelle, *unskilled workers* pour la plupart, ces nouveaux venus ont dû se réfugier dans les métiers qui exigent peu ou point d'apprentissage et s'y font une effroyable concurrence. Le mal existe d'ailleurs aussi bien dans les professions libérales : un médecin français, qui est aujourd'hui l'un des premiers de Melbourne, ne me disait-il pas que certains de ses collègues en étaient arrivés à soigner leurs clients, auxquels ils fournissaient encore les médicaments, moyennant un abonnement de 6 *pence* (63 centimes) par semaine ! Croire qu'il sera possible de faire disparaître en un jour, par une législation hâtive, les conséquences malheureuses de l'exagération de la population urbaine dans ce pays sans grande industrie, c'est se faire de singulières illusions sur la puissance des lois.

Le régime fiscal des colonies australiennes porte, comme les lois sur le travail et sur les terres, la marque de l'esprit avancé de leurs gouvernements. Aux droits de douane, aux locations et ventes de terres domaniales, aux recettes des divers services publics — postes, chemins de fer de l'Etat et autres, qui avaient longtemps formé, avec des droits de succession et quelques autres taxes indirectes, la presque totalité des revenus de l'État — sont venus se joindre, depuis quinze ans, des impôts directs ; l'impôt foncier et l'impôt sur le revenu existent dans les plus importantes des colonies australiennes. Ce qui les caractérise, c'est l'application du principe progressif et surtout les nombreuses exemptions. Tous les revenus inférieurs à 5000 francs sont exemptés d'impôt en Australie du Sud et à Victoria ; tous ceux au-dessous de 7500 en Nouvelle-Galles et Nouvelle-Zélande. Pour l'impôt foncier, les exemptions dans cette dernière colonie s'appliquent à tout propriétaire ne possédant pas plus de 12500 francs de biens fonds ; les hypothèques sont déduites de la valeur du fonds, tandis que les créances hypothécaires y sont ajoutées. Sur 90000 propriétaires de la colonie, 12000 seulement paient ainsi l'impôt foncier, et les publications officielles s'en félicitent hautement. De même l'introduction toute récente (1895) des impôts foncier et sur le revenu en Nouvelle-Galles du Sud, avec les mêmes exemptions à peu de chose près qu'en Nouvelle-Zélande, ne doit atteindre que 60000 contribuables dans ce pays de 1200000 habitants. C'est un singulier principe, dans une démocratie, que de vouloir exempter d'impôts la grande majorité des électeurs et les soustraire ainsi à toute responsabilité. Les véritables indigents devraient seuls être dispensés de contribuer aux charges publiques. La seule base rationnelle d'un régime électif doit être *no representation without taxation*, pas de représentation sans taxation ; c'est le corollaire nécessaire et tout aussi juste du fameux principe *no taxation without representation* au nom duquel s'étaient soulevées les colonies anglaises d'Amérique.

Les taxes successorales, beaucoup plus anciennes que les impôts dont nous venons de parler, revêtent en Australie ce caractère curieux d'être hautement progressives en raison de la valeur de la succession tout en ne variant pas ou presque pas avec le degré de parenté. En Nouvelle-Galles, où l'impôt est le plus modéré, il est de 1 pour 100 au-dessous de 125 000 francs, atteint 4 pour 100 à 625 000 et monte à 5 pour 100 au-dessus de 1 250 000 même en ligne directe. A Victoria, de 2 pour 100 au-dessous de 175 000 francs, il passe à 4 pour 100 pour 250 000, puis croît graduellement jusqu'à 7 pour 100 pour 1 million et 10 pour 100 au-dessus de 2 millions et demi. Les veuves et les enfants paient seuls demi-droit si la succession est inférieure à 1 250 000 francs. Dans l'Australie du Sud, le taux de 5 pour 100 en ligne directe est déjà atteint à 175 000 francs, celui de 7 et demi pour 100 à 1 million, 10 pour 100 à 5 millions seulement. En dehors de la ligne directe, les successions sont frappées de 5 pour 100 au-dessus de 50 000 francs, de 7 pour 100 au-dessus de 125 000, de 10 pour 100 à 5 00000. Il y a là une tendance tout à fait hostile au principe même de l'héritage.

Le respect des traditions ne saurait arrêter les colonies australiennes dans la voie des innovations hasardeuses ; elles semblent croire qu'elles ont pour mission de guider le monde vers le progrès. Maintes innovations petites et grandes y sont promises, non seulement par des individualités sans mandat, mais par les gouvernements eux-mêmes. Celui de la Nouvelle-Zélande s'apprêtait l'été dernier à déposer un *Fair Rent bill*, un projet de loi instituant des cours spéciales auxquelles les fermiers pourraient demander la réduction de leurs fermages ; la fixation des salaires des médecins par la loi, l'interdiction de toute poursuite pour dettes au-dessous de

500 francs, la journée de huit heures obligatoire pour les adultes, de plus grandes facilités pour le divorce, voilà ce que promettent divers ministres.

La plupart des lois aventureuses que nous avons passées en revue ne datent que d'un très petit nombre d'années ; les idées socialistes qui couvaient depuis longtemps en Australie et s'y faisaient jour peu à peu ont vu leur puissance fort augmentée à la suite de la grave crise financière de 1892-1893, due aux excès de spéculation qui l'avaient précédée. Quelques expériences, comme celles de culture communiste, sont cependant déjà jugées. L'ensemble de cette législation ne peut encore l'être complètement, mais son hostilité contre le capital est certes l'une des causes qui contribuent le plus à maintenir l'Australie dans un état de dépression économique.

V

La hardiesse des colons australiens en matière sociale, leur dédain pour les traditions, — les préjugés, diraient-ils plutôt, — de la vieille Europe, les a encore entraînés dans un autre champ d'innovations : ils ont accueilli le féminisme avec autant d'ardeur que le socialisme. La Nouvelle-Zélande en 1893, l'Australie du Sud en 1895 ont accordé aux femmes les droits électoraux politiques, et il s'écoulera sans doute peu d'années avant que les autres colonies n'aient fait de même. Avec quelques Etats de l'Union américaine, le Colorado, le Wyoming, l'Utah, les deux colonies que nous venons de citer sont les seuls pays où les femmes aient le droit de vote à toutes les élections.

Cette émancipation politique surprend plus en Australasie qu'en Amérique : dans le Nouveau Monde, on est si habitué à voir la femme absolument libre, elle concourt avec l'homme pour l'exercice de tant de professions, que, si opposé qu'on puisse être en principe au suffrage des femmes, on n'est point choqué, d'abord, de les voir l'exercer. En Australasie, la situation de la femme se rapproche beaucoup plus de ce qu'elle est en Angleterre que de celle où elle se trouve en Amérique : plus libre que sur le continent européen, elle l'est moins absolument qu'aux Etats-Unis. La loi ici a quelque peu devancé les mœurs, comme c'est souvent le cas aux antipodes et dans tous les pays où des politiciens de profession occupent la scène, cherchent à étonner les spectateurs, et surtout à satisfaire les plus bruyants d'entre eux. Si certains groupes s'agitaient avec véhémence et réclamaient à grands cris l'extension de l'électorat aux femmes dans les colonies qui l'ont adopté, comme ils le font encore dans celles qui ne s'y sont pas décidées jusqu'à présent, la masse du public, et du public féminin surtout, ne tient nullement à cette réforme. Dans les classes supérieures, l'indifférence des femmes est complète à ce sujet. J'ai pu en parler avec un grand nombre d'entre elles, à Melbourne, à Sydney, en Nouvelle-Zélande ; elles m'ont répondu, sans exception, qu'elles ne se souciaient nullement du droit de vote. Dans les classes populaires, et surtout dans la petite bourgeoisie, un certain nombre y attache sans doute plus d'intérêt, mais, de l'avis de tous, les seules qui tiennent véritablement à l'émancipation politique, ce sont les femmes de lettres, les professeurs, institutrices ; et encore, m'a-t-on dit souvent, celles qui sont séparées de leur mari, dont la vie privée est malheureuse, dont le caractère est aigri. C'est naturellement ce groupe qui se fait entendre ; la grande masse reste silencieuse précisément parce qu'elle est indifférente.

Au fond, tout ce mouvement féministe n'est guère qu'un vaste *humbug*, imaginé par des politiciens en quête d'agitations toujours renouvelées, des déclassés et des cerveaux brûlés, mais qui dispose en Australie de deux soutiens puissants. Le premier est le parti ouvrier, parce que les extrêmes de la démocratie confondent toujours les mots changement et réforme, et aussi parce que les femmes des classes ouvrières, entièrement dénuées d'éducation politique, voteront dans le même sens que leurs maris, pensent les chefs des syndicats, tandis que la plupart de celles des hautes classes s'abstiendront. Le second soutien du mouvement, qu'on retrouve très puissant en Amérique, en Angleterre, en tout pays anglo-saxon, c'est le parti de la tempérance, ou plutôt de la prohibition, qui rêve la suppression complète du commerce des boissons alcooliques, et auquel le concours des femmes est absolument acquis. Si les femmes des classes moyennes et inférieures se désintéressent moins que celles des classes supérieures de l'obtention du droit de vote, si surtout un grand nombre en usent aujourd'hui qu'il leur a été conféré, c'est parce qu'elles sentent agir vivement autour d'elles, sur leurs pères, leurs maris, leurs frères, l'influence néfaste de l'alcool et qu'elles sont les premières à en souffrir, elles et leurs enfants.

En effet, si les femmes ne désirent pas vivement être admises à l'électorat en Australie, — et cela est incontestable pour tout observateur de bonne foi, — elles se servent cependant de leurs droits avec assez d'ardeur une fois qu'ils leur ont été donnés : aux élections du 28 novembre 1893 en Nouvelle-Zélande, les premières et jusqu'à présent les seules faites dans cette colonie sous le nouveau régime électoral, sur 139 915 femmes majeures, 109 461, soit 78,2 pour 100 s'étaient fait inscrire sur les listes électorales, et 90290 ou 64,5 pour 100 avaient pris part au vote. La proportion des hommes ayant voté était un peu plus forte, 72,2 pour 100. La question de la vente des liqueurs alcooliques avait joué un très grand rôle dans la campagne électorale, et le parlement issu, de cette élection, a voté des lois nouvelles réglementant plus sévèrement le commerce des spiritueux. Le parti prohibitionniste a donc obtenu une partie des résultats qu'il désirait et continue dans les autres colonies à soutenir le mouvement féministe.

Si important qu'il puisse être de mettre un frein au fléau de l'alcoolisme, il est cependant grave d'opérer une réforme sociale et politique aussi profonde que l'admission des femmes à l'électorat, non pour ce qu'elle vaut en elle-même, mais pour des causes accessoires. Le parti prohibitionniste et le parti ouvrier, sans l'appui desquels les femmes attendraient longtemps encore leurs droits politiques, n'ont vu dans ce changement qu'un moyen de procurer un plus grand nombre de sectateurs aux causes qu'ils soutenaient. C'est bien là un exemple du plus grand mal des États modernes : la subordination de toutes choses à l'intérêt électoral ; le vote des mesures les plus graves, sans considérer leurs qualités intrinsèques et leurs conséquences futures, simplement pour les résultats immédiats qu'on en peut attendre, pour les voix qu'elles peuvent valoir aux partis qui les ont soutenues.

Cette ardeur même des femmes en faveur de la prohibition de l'alcool, qui leur a valu les sympathies du *tempérance party*, ne provient-elle pas elle-même des penchants de leur nature qui rendent précisément le moins désirable leur participation au gouvernement ? N'est-elle pas un témoignage de leur tendance à se décider non d'après des raisonnements, mais d'après des sentiments, à aller par suite aux extrêmes, à n'admettre aucun terme moyen ? N'est-elle pas surtout une preuve de la faveur avec laquelle elles envisagent la *grand motherly legislation*, la « législation de grand mère » qui voudrait protéger les hommes contre tout danger et toute tentation, les enfermer dans un réseau de prescriptions minutieuses rappelant les soins, la surveillance de tous les instants dont ont été entourées les premières années de leur vie. Les femmes élèvent des enfants qui voteront plus tard, pourquoi ne voteraient-elles pas elles-mêmes ? ai-je souvent entendu dire en Australie. N'est-ce pas précisément parce qu'en appliquant au gouvernement des hommes les principes qui dirigent l'éducation des enfants en bas âge, on n'arriverait qu'à affaiblir l'initiative, l'énergie individuelle, les qualités vraiment viriles, que le suffrage féminin est au contraire dangereux ? « Les gens de ce pays sont incapables de rien faire sans l'Etat », me disait déjà avec une nuance de dédain un Américain avec lequel je voyageais en Nouvelle-Zélande. Les élections de 1893, où les femmes ont voté pour la première fois, n'ont fait que fortifier le ministère socialiste qui gouverne cette colonie.

Il y a de curieuses contradictions chez les promoteurs du mouvement féministe. Ce sont gens « avancés » qui ont sans cesse à la bouche le grand nom de Darwin et la théorie de l'évolution. Pourquoi prétendent-ils alors faire en un seul jour de la femme l'égale de l'homme, alors que sa position subordonnée pendant des séries de siècles, — si ce n'est sa nature originelle, — en a fait une créature fort différente. En Nouvelle-Zélande, on fonde aujourd'hui des ligues pour l'éducation politique des femmes, qui est nulle dans les classes inférieures, disait la présidente de l'une d'elles, femme d'un ancien ministre grand partisan de la réforme. N'eût-il pas mieux valu essayer de commencer cette éducation avant de leur mettre entre les mains un bulletin de vote ? Il est étrange aussi que les mêmes groupes qui préconisent l'assimilation des deux sexes et réclament, outre l'électorat, l'éligibilité des femmes et leur admission à toutes les professions, protestent d'autre part contre leur emploi dans les manufactures non seulement parce que ce travail est nuisible à leur santé, mais parce qu'il les empêche de vaquer aux soins du ménage et détruit le foyer familial. Une simple ouvrière aura cependant moins de préoccupations, une fois son travail terminé, qu'une femme député, médecin ou avocat. D'ailleurs la nature ne permet pas à la femme, comme à l'homme, d'assurer la conservation de l'espèce en exerçant un métier avec continuité. La femme n'est pas inférieure à l'homme, soit ; mais elle est différente, c'est-à-dire inférieure par certains côtés et supérieure par d'autres. Qu'on laisse donc son activité s'exercer dans la sphère où cette supériorité est démontrée.

Ainsi que nous l'avons dit, les lois ont devancé les mœurs on Australasie et la proportion des femmes qui travaillent en dehors de leur ménage y est moindre qu'en Amérique. D'après le recensement de 1891, sur une population féminine totale de 1 440 000 personnes, dont 1 060 000 âgées de plus de 15 ans, 318 000 étaient classées comme gagnant leur vie (*bread winners*) ; 133 000 d'entre elles étaient rangées dans la catégorie des domestiques ; 70 000 étaient ouvrières ; 37 000, employées à des travaux agricoles ; 33 000 exerçaient des professions libérales ; 23 000 appartenaient à la classe commerçante comme patronnes ou employées ; 22 000 se livraient à des métiers divers. Nous ne possédons malheureusement de renseignements relatifs aux occupations des femmes à des époques antérieures que pour la seule colonie de la Nouvelle-Galles du Sud ; elles peuvent néanmoins donner une idée du mouvement qui les porte de plus en plus à se créer une situation indépendante. Le nombre total des femmes néo-galloises était de 337 000 en 1881, de 515 000 en 1891 ; il avait ainsi augmenté d'un peu plus de moitié ; le nombre des femmes gagnant leur vie avait dans le même temps presque doublé, passant de 48963 à 89 502. L'augmentation la plus remarquable était celle qui se manifestait dans les professions libérales, qui occupaient 4 288 femmes en 1881 et 10 402 en 1891. C'est de ce côté surtout que le féminisme tend à les pousser.

Parallèlement à ce mouvement, il s'en produit un autre très significatif : le retard de l'âge du mariage. En 1883 la proportion des jeunes mariées mineures était en Nouvelle-Galles du Sud de 28,17 pour 100 ; en 1892, elle était tombée à 23,55. Le même fait se retrouve en Victoria : pendant la période de 1881 à 1890, la proportion moyenne des jeunes mariées au-dessous de 21 ans avait été de 21 pour 100, et pour celles de 21 à 25 ans, de 43,2 pour 100. En 1893, les chiffres correspondants n'étaient que de 17,4 et 39,8. Dans la Nouvelle-Zélande enfin, où les mariées mineures formaient 29,4 pour 100 du total en 1882, elles ne comptaient plus que pour 19,7 en 1893. Lorsque la femme gagne sa vie par elle-même et que les mœurs laissent à la jeune fille une grande indépendance, elle a moins de hâte de se marier. Souvent, d'ailleurs, le mariage la forcerait à renoncer à sa position. « J'occupe huit jeunes filles de 20 à 25 ans, me disait un commerçant en Nouvelle-Zélande ; elles gagnent de 25 à 30 francs par semaine ; pas une seule n'est fiancée, et en Australasie comme en Angleterre les fiançailles sont souvent longues ; si elles se mariaient, je ne pourrais les garder ; du reste, pourquoi se presseraient-elles : elles gagnent aisément leur vie et sont parfaitement indépendantes ? » Pourquoi se presseraient-elles en effet ? Seulement, se mariant tard, leurs enfants seront moins nombreux. Sans doute il ne faut pas sacrifier l'indépendance de la femme ni lui interdire toute occupation étrangère aux soins du ménage dans l'unique dessein de rendre la natalité plus forte. Mais il ne convient pas non plus d'exagérer une tendance qui, légitime et conforme à la marche de la civilisation si elle est contenue dans de justes limites, deviendrait fort dangereuse si elle était exagérée. Or c'est cette exagération que produit inévitablement le féminisme à outrance.

L'égalité des sexes est une expérience sociale de plus pour les colonies australiennes : elles n'hésitent devant aucune. Si elles méprisent les errements du vieux monde, elles devraient cependant ne pas oublier que leur propre grandeur, la prospérité économique qu'elles ont si rapidement atteinte, leur est venue de l'initiative individuelle, de l'énergie de leurs colons, de ces qualités qu'elles ne peuvent qu'énerver en plaçant tous les citoyens sous la tutelle efféminante de l'Etat, et qui leur permettraient assurément de surmonter la crise où des exagérations de spéculation les ont jetées depuis quelques années. On voudrait espérer que toute cette législation aventureuse n'est qu'une maladie passagère due à une croissance trop hâtive, et que le bon sens pratique de la race anglo-saxonne empêchera l'Australasie de s'engager plus avant dans cette voie. Si elle le faisait, si elle comprommettait gravement ainsi son avenir, l'Europe sera peut-être du moins instruite par son exemple : c'est pourquoi nous avons cru qu'il n'était pas sans quelque intérêt d'étudier les expériences sociales auxquelles on se livre aux antipodes.

Chapitre III

Les productions

I

Nul pays au monde n'a été transformé par l'introduction de la civilisation européenne d'une manière aussi rapide et aussi brillante que l'Australie. Abandonnés il y a un siècle encore à quelques misérables tribus sauvages, sans utilité aucune pour le reste de l'humanité, ce continent et les grandes îles adjacentes nourrissent aujourd'hui une population de 4 millions d'hommes et leur commerce extérieur s'élève à 2 milliards de francs. Les produits de ces pays, qui semblaient, hier encore, relégués aux extrémités du monde, viennent, jusqu'en Europe, lutter avec les nôtres : il n'est pas jusqu'aux denrées les plus périssables, les moins capables en apparence de supporter un voyage prolongé : les viandes, le beurre, les fruits, les œufs, qui n'aient à lutter contre cette concurrence. L'Australie vient même à la tête de tous les pays du globe dans la production d'une des denrées les plus vulgaires, mais les plus indispensables à l'homme, la laine, et elle occupe aussi l'un des premiers rangs dans celle du plus précieux des métaux, l'or. De l'une et de l'autre, elle fournit le quart de ce qui s'en produit chaque année dans le monde. La plus brillante de ces deux industries, celle de l'or, qui a tant contribué au peuplement rapide de l'Australie, est bien loin aujourd'hui d'être la plus essentielle, quoiqu'il ait été extrait depuis quarante-cinq ans des mines et des *placers* d'Australasie 9 milliards et demi de francs de métal jaune, dont près des deux tiers proviennent de la seule colonie de Victoria. Après avoir atteint une moyenne annuelle de 280 millions pendant la première décade d'années qui suivit la découverte des mines, la production aurifère était tombée en 1886 à la moitié de ce chiffre, par suite de l'épuisement de nombreux placers à Victoria, en Nouvelle-Zélande, dans la Nouvelle-Galles du Sud. Depuis 1887, l'importance croissante des mines du Queensland, et tout récemment la découverte de celles de l'Australie de l'ouest, jointes à une recrudescence d'activité à Victoria et en Nouvelle-Zélande, ont de nouveau beaucoup augmenté l'importance de l'extraction. En 1895, il a été extrait dans le monde entier plus d'or qu'en aucune année précédente : si la colonie de l'ouest tient ses promesses, peut-être l'Australie arrivera-t-elle aussi à dépasser tous ses chiffres antérieurs. Mais, si grande que soit cette industrie, le nombre d'hommes qu'elle occupe est relativement très faible : il ne s'élevait, en 1892, qu'à 54 000, dont un dixième de Chinois, qui arrivent à gagner leur vie en lavant une seconde fois les sables déjà traités par les blancs. C'est là vraiment un chiffre infime et qui montre bien que les mines d'or sont surtout, pour les pays où elles se trouvent, une excellente réclame, mais ne peuvent d'elles-mêmes nourrir qu'une proportion très restreinte des immigrants qu'elles attirent. D'ailleurs, l'exploitation des mines d'or a très rarement pris en Australie le caractère d'une grande industrie comportant de très vastes installations matérielles qu'elle a aujourd'hui au Transvaal. Des concessions peu étendues, aux mains de petits groupes de quelques personnes, qu'on s'efforçait de travailler très économiquement, beaucoup de *placers* ou alluvions aurifères exploités quelquefois par des mineurs individuels, voilà quelle a été surtout, jusqu'à ces trois ou quatre dernières années, l'organisation de l'industrie aurifère. L'incertitude sur la durée des mines, plus grande en Australie que partout ailleurs, a contribué à lui donner ce caractère : j'ai entendu dire bien des fois à des « capitaines, » — c'est ainsi qu'il est d'usage d'appeler les directeurs des exploitations minières, — qu'en règle générale les actions d'une société devaient se capitaliser au denier trois. Quelques mines cependant font exception, et certaines d'entre elles, aux environs de Bendigo, ont aujourd'hui poussé leurs puits à plus de 900 mètres de profondeur. L'or a joué le rôle d'un stimulant énergique dans le développement de l'Australie, mais les bienfaits de sa découverte n'ont pas été sans mélange, car l'état d'équilibre instable de la société coloniale et l'importance excessive des agglomérations urbaines en ont été les résultats. Si l'exploitation des mines et des placers a fait oublier pendant quelques années les ressources plus essentielles et plus durables du pays, celles-ci n'ont pas tardé à reprendre le premier rang ; aujourd'hui, comme avant la découverte des gisements aurifères, c'est la production de la laine qui est le fondement de la prospérité économique des colonies australiennes et, longtemps encore, sinon toujours, l'élevage des troupeaux, des moutons surtout, restera au premier rang de leurs industries.

La prépondérance du pâturage sur l'agriculture, du *squatter* sur le *farmer*, est la conséquence directe de la nature du sol et du climat. Une bande de terre qui suit le rivage de la mer, large de 100 kilomètres en moyenne le long de la côte orientale, d'un peu plus dans Victoria, d'un peu moins dans l'Australie du Sud, existant à peine ailleurs, voilà tout ce qui est propre à la culture dans ce pays. Dès que l'on a dépassé les chaînes plus ou moins élevées qui limitent cette zone, on se trouve, si l'on est parti de la côte occidentale, dans cet étrange désert couvert d'arbres, mais absolument stérile, où sont semés les nouveaux champs d'or de l'Australie de l'Ouest. Si l'on vient au contraire de l'est ou du sud-est, ce sont d'immenses steppes où les affluents du Murray, profondément encaissés entre des berges de sable jaune plus élevées que les plaines voisines, promènent leur maigre cours en interminables sinuosités. Les principales de ces rivières, le Murrumbidgee, le Lachlan, le Darling, ont de l'eau toute l'année, sont même navigables pendant quelques mois ; mais combien de leurs affluents ne sont que des *oueds*, au fond desquels pendant l'été on ne trouve que quelques mares ! Le débit total du Murray à son embouchure n'atteint pas celui de la Seine, et l'étendue qu'il draine est double de celle de la France. En temps de crue, ces rivières débordent au contraire et se déversent de place en place dans des dépressions plus basses que le niveau moyen des plaines, qui sont alors transformées en lacs. Dans cette moitié orientale du continent, les grandes forêts d'eucalyptus ne couvrent que la région maritime et les lianes des chaînes côtières ; vers l'intérieur, le pays accidenté qui se trouve au pied des montagnes est encore parsemé de bouquets d'arbres : les vallées du Murray et du Murrumbidgee, au point où les coupe le chemin de fer de Melbourne à Sydney, avaient, lorsque je les vis au printemps, presque l'aspect d'un paysage anglais où l'eucalyptus aurait remplacé le chêne. Mais plus on s'avance vers l'ouest et plus les arbres deviennent rares : les éleveurs en sont d'ailleurs les ennemis et les détruisent pour pouvoir nourrir plus de moutons. Les immenses plaines du Darling sont couvertes d'herbes spéciales, de *salt-bush*, qui se plaisent dans ces sols légèrement salés, et l'on n'y voit guère d'eucalyptus qu'aux abords des villes et des habitations.

Toute cette région du bassin du Murray, et en particulier le pays du *salt-bush*, est la terre d'élection des mérinos importés d'Espagne à la fin du siècle dernier et qui forment aujourd'hui les neuf dixièmes des troupeaux du continent australien. Le climat du littoral serait trop humide pour eux, mais à l'intérieur la pluie totale n'est que de 200 à 400 millimètres, et pendant les deux tiers de l'année la sécheresse est absolue. L'été y est torride : celui de Bourke sur le Darling, la principale ville de l'ouest de la Nouvelle-Galles, est aussi chaud que celui du Caire, et l'on y a noté 53° à l'ombre, plus qu'on n'a jamais vu à Biskra ; entre le jour et la nuit, entre l'hiver et l'été, les écarts du thermomètre sont énormes ; mais la température moyenne de l'hiver est encore de 12° ; s'il gèle parfois la nuit, ce n'est que rarement et très légèrement, et la neige est inconnue. Les éleveurs peuvent ainsi laisser leurs troupeaux en plein air toute l'année, sans avoir à craindre que le froid ne les décime, comme il arrive trop souvent sur les hauts plateaux algériens par exemple. La douceur de l'hiver est une condition essentielle pour l'élevage extensif des bêtes à laines ; elle se retrouve dans tous les pays qui s'y livrent, l'Amérique et l'Afrique méridionales, tandis que des conditions climatologiques opposées ont empêché les Etats-Unis de prendre un des premiers rangs dans cette industrie. Le nombre des moutons australiens, qui était de 105 en 1792, s'élevait en 1892 à 122 millions. En 1861, on n'en comptait encore que 23 millions, 49 dix ans plus tard, 78 en 1881. La seule colonie de la Nouvelle-Galles du Sud a décuplé son troupeau depuis trente ans et possédait, en 1892, 58 millions de bêtes à laine ; sa voisine du nord, le Queensland, où le mouton n'est élevé que dans le tiers méridional, en avait 21 millions ; sa voisine du sud, Victoria, 13 millions. A l'ouest de ces trois colonies commence le véritable désert australien, où les pluies deviennent extrêmement faibles, où le sol est souvent couvert de fourrés inextricables d'eucalyptus rabougris ; déjà le nord-est de Victoria, le pays du *mallee-scrub*, se trouve dans ce cas. Dans l'Australie du Sud, dont l'immense territoire traverse d'outre en outre le continental n'y a plus que 7 millions de moutons : les *stations* sont disséminées au pied de quelques chaînons montagneux qui arrêtent les rares nuages et les obligent à verser quelques pluies sur leurs pentes : c'est pour porter des provisions à leur personnel à travers les solitudes qui les séparent des terrains cultivables que le chameau, aujourd'hui si utile dans les champs d'or de l'ouest, a été d'abord introduit en Australie. Toute la partie occidentale du continent, avec ses immenses déserts, ses pluies tout à fait insuffisantes et les herbes vénéneuses qui se mêlent trop souvent à ses pâturages déjà rares, ne contient pas 2 millions de moutons. La richesse, comme la population de cette région, n'est encore qu'un facteur insignifiant dans l'ensemble de la société australienne. Dans l'étude du développement économique de l'Australie, on peut négliger toute la moitié du continent située à l'ouest de la ligne télégraphique qui le traverse du nord au sud, du fond du golfe Spencer à Port Darwin, en face des îles de la Sonde.

La valeur des 350 millions de kilogrammes de laine produits par les moutons australiens était en 1892 de 560 millions de francs ; 2 millions et demi de kilogrammes seulement étaient conservés pour la consommation locale ; tout le reste était envoyé en Europe et en Amérique et formait un peu plus de la moitié de la valeur totale des exportations australiennes (1 020 millions de francs). Ce n'est donc pas à Melbourne ou à Sydney, ni même dans les champs d'or de Ballarat, de Bendigo ou de Coolgardic, c'est dans les immenses plaines du Murray et du Darling qu'il faut aller chercher la véritable source de la prospérité de l'Australie.

Ces plaines sont découpées en énormes exploitations, dont la plus grande partie est seulement louée par leurs propriétaires à la couronne. Dans la Western division de la Nouvelle-Galles, la partie la plus occidentale et exclusivement pastorale de la colonie, 16 millions d'hectares sont loués pour 28 ans à 309 *squatters* qui ont ainsi en moyenne 50 000 hectares chacun pour y faire paître leurs troupeaux : il ne faudrait que 10 à 12 de ces propriétés juxtaposées pour égaler la surface d'un département français. Certaines sont plus grandes encore ; je rencontrai sur le paquebot qui nie portait d'Amérique en Australie le régisseur d'une ferme de 200 000 hectares, qui venait de prendre un congé de six mois pour voir l'Europe et l'Amérique, et retournait s'enfermer au milieu de ses 250 000 moutons à 1 000 kilomètres de Sydney, dans les torrides solitudes de l'ouest de la Nouvelle-Galles. L'exploitation que je visitai, dans la région du Lachlan, et qui contenait 160 000 bêtes à laine sur environ 120 000 hectares, était beaucoup moins éloignée, à quelques kilomètres seulement d'une station de chemin de fer. Une route passable mène de la gare à l'habitation du régisseur, une maison légèrement bâtie, entourée de vérandas, comme il convient dans les pays chauds. A l'intérieur on pourrait se croire chez un gentleman-farmer d'Angleterre ; seule, la vue par la fenêtre des eucalyptus qui en ombragent les abords rappelle qu'on est aux antipodes. Près de là sont les logements, assez confortables, eux aussi, du personnel qui, pour cet énorme troupeau, ne comprend que 60 hommes. Encore, me dit-on, est-ce la propriété d'une compagnie, qui ne regarde pas à la dépense : un particulier se chargerait de diriger ce domaine en n'employant qu'une vingtaine de personnes. Autrefois il aurait fallu un très grand nombre de bergers. Mais, aujourd'hui, on a supprimé ceux-ci : des barrières de fil de fer divisent tout le terrain en de nombreux paddocks, dans lesquels les moutons sont enfermés ; le rôle des employés se borne presque à faire des rondes pour s'assurer qu'on ne vole pas les animaux, et que les barrières sont en bon état. On a pu ainsi mieux aménager le terrain, et laisser reposer régulièrement certaines parties de la propriété.

Il faut, certes, un tempérament bien trempé pour diriger des exploitations de ce genre et vivre presque constamment loin de toutes les distractions de la vie civilisée, surtout dans l'extrême ouest de la Nouvelle-Galles ou du Queensland, où nombre de domaines sont à plus de 100 kilomètres de toute ville. Aussi la plupart des squatters avaient-ils pris l'habitude de ne rester que la moitié de l'année sur leurs terres et de venir passer l'autre à Sydney ou à Melbourne ; au moins s'y rendaient-ils tous, lors de la grande saison des courses, — le divertissement favori des Australiens, — en octobre et novembre, aussitôt après la tonte des moutons, et y menaient-ils grand train ; quelques-uns ne paraissaient que fort rarement sur leurs « stations » et passaient une grande partie de l'année à voyager en Europe. Des régisseurs, hommes de métier, s'occupaient pendant leur absence de leurs troupeaux. La production de la laine a été longtemps la source de bénéfices extraordinaires, et les bonnes terres de pâtures ont été parfois l'objet de spéculations aussi grandes que les terrains des villes. Avant la découverte des mines d'or, il y avait eu à Victoria un premier *boom* accompagné d'une grande immigration des habitants des colonies voisines, et déterminé par l'excellence des pâturages de ce qu'on nommait alors le district de Port-Philip. Mais depuis la crise de 1893, qui a durement éprouvé beaucoup de *squatters* imprudents, et la baisse des prix, tombés de 10 pence (1 fr. 05) en 1890, à 8 pence (0 fr. 85) en 1893, pour la laine de mérinos de la Nouvelle-Galles, et de 11 3/4 pence (1 fr. 23 j à 10 pence (1 fr. 05) pour celle de Victoria, la situation des propriétaires de troupeaux est au contraire devenue fort peu enviable. Pris entre les banques, qui les pressent de rembourser les avances qu'elles leur ont faites, et les tondeurs de moutons, constamment en grève, ils ne savent à quel saint se vouer. Durant la grande grève de 1894, les squatters, décidés à ne plus céder aux exigences des tondeurs, ont dû parfois, eux et leurs familles, prendre les cisailles ou plutôt les machines perfectionnées qui servent en Australie à recueillir la laine, à cause de la difficulté de recruter un personnel suffisant. Depuis un an, une hausse des prix est venue leur donner un peu de répit et améliorer leur position.

A côté des crises, des grèves, de la baisse de la laine, parfois du manque de bienveillance des gouvernements, les infortunés *squatters* ont encore à combattre un autre ennemi, dont on a peine en Europe à parler sans sourire, et qui cependant est terrible. Ce fléau, que les colons eux-mêmes ont introduit, croyant n'amener qu'un gibier inoffensif, c'est le lapin. Dans ce pays à peine peuplé, dont le climat paraît leur être particulièrement favorable, les rongeurs ont pullulé. Dans les régions où ils sont nombreux, ils mangent toute l'herbe jusqu'à la racine, n'en laissant plus pour les moutons. La nécessité aidant, ils sont même, dit-on, devenus grimpeurs, et, s'ils ne peuvent encore monter sur les grands arbres, du moins s'élèvent-ils sur les eucalyptus rabougris qui couvrent certaines parties de l'intérieur, et en mangent-ils toutes les feuilles lorsque l'herbe leur manque. Un district est-il envahi par les lapins, c'est la ruine à bref délai des *squatters* qui l'occupent et dont les moutons meurent de faim. On ne peut comparer l'effet de l'invasion des rongeurs qu'à celle des criquets : ils ont tôt fait de transformer le plus beau pâturage en une étendue aride, aussi dénuée d'herbe que le macadam des voies les plus fréquentées d'une grande ville. Les gouvernements australiens ont institué des prix de plusieurs centaines de mille francs pour récompenser les inventeurs de procédés d'extermination rapide. On n'en a point trouvé de pratique jusqu'à présent. Ils ont payé des primes élevées à la destruction des lapins : 25 millions ont été tués en Nouvelle-Galles dans une seule année : leur nombre n'en a pas paru diminué. En désespoir de cause, les *squatters* se sont décidés à construire des barrières pour limiter du moins l'invasion : ces barrières sont constituées par des grillages de fil de fer s'enfonçant de trente centimètres dans le sol. Le gouvernement de la Nouvelle-Galles en a fait élever un sur une longueur ininterrompue de 1130 kilomètres : les frais n'ont pas été moindres de 900 francs par kilomètre ; une autre barrière du gouvernement a 480 kilomètres, et il faut y ajouter 22 000 kilomètres environ posés par les particuliers pour la défense de leurs propriétés. Dans le Queensland, les *rabbits boards*, conseils spéciaux chargés de veiller à la protection des pâturages contre les lupins, ont entrepris la construction de plusieurs énormes lignes de grillages parallèles à la frontière de cette colonie et de la Nouvelle-Galles, d'une longueur totale de 3 400 kilomètres. L'ingéniosité des colons a su cependant faire sortir quelque bien de ce fléau, et aujourd'hui des envois considérables de lapins congelés sont faits en Angleterre, où ils se vendent 1 franc à 1 fr. 25 pièce sur le marché de Londres. C'est une faible compensation aux ruines qu'ils causent.

La colonisation pastorale pénètre dès aujourd'hui fort avant dans le centre de l'Australie. Grâce à elle, 64 des 80 millions d'hectares de la Nouvelle-Galles sont occupés déjà par des Européens, 60 millions d'hectares sont entourés de clôtures ; mais 18 millions seulement sont possédés par leurs occupants ; le reste est loué par l'Etat aux *squatters*. La location, si le bail est suffisamment prolongé, n'a pas les mêmes inconvénients pour la pâture que pour l'agriculture, et la prédominance de ce mode de tenure accompagne partout en Australie la prédominance de l'élevage sur les autres industries agricoles : dans le Queensland, 112 millions d'hectares sont affermés par l'Etat, 4 millions seulement appartiennent en toute propriété à des particuliers, 52 millions sont encore inoccupés. Dans l'Australie du Sud, les proportions sont analogues ; mais Victoria compte 10 millions d'hectares appartenant à leurs occupants contre 6 millions affermés et 6 millions et demi inoccupés, et en Nouvelle-Zélande les chiffres correspondants sont 8, 6 et 13 millions d'hectares. On voit que, si l'on tient compte des montagnes et des parties stériles, il reste moins de terres libres en Australie, du moins dans les colonies de l'est, qu'on ne serait porté à le croire d'après le peu de densité de la population. C'est que, dans le bassin du Murray, le grand centre actuel de l'élevage, on considère une propriété pouvant porter 1 mouton par 2 acres, soit 80 ares, comme étant d'une bonne moyenne ; en Nouvelle-Zélande, il est vrai, où le climat est plus-humide, on voit quinze ou vingt bêtes par hectare ; mais dans-mainte propriété de l'Australie du Sud ou de l'extrême Ouest de la Nouvelle-Galles, il faut jusqu'à deux ou trois hectares pour en nourrir une. Lorsqu'on dépasse ce nombre, les troupeaux sont décimés s'il survient une grande sécheresse, et ce phénomène se produit presque périodiquement en Australie : celle des trois dernières années a réduit de 60 à 52 millions de têtes le troupeau de la Nouvelle-Galles. Il est cependant certain que le Queensland et même Victoria et l'Australie du Sud sont susceptibles d'augmenter considérablement leur cheptel, et la première de ces colonies pourra sans doute le doubler. L'énorme Australie de l'Ouest, malgré les déserts qui en couvrent la plus grande partie, devra offrir aussi quelques régions propres à l'élevage.

II

La laine a été longtemps le seul produit d'exportation que les colonies australiennes aient tiré de leurs troupeaux. Le voyage sur mer était trop long entre elles et les grands marchés d'Europe pour permettre d'y expédier du bétail sur pied. La fabrication du suif et de quelques viandes salées, dont le débouché était forcément restreint, n'ajoutait que bien peu de chose aux bénéfices que procurait aux éleveurs la vente de la laine. Depuis quelques années, l'exportation des viandes gelées a ouvert au contraire des horizons tout nouveaux et singulièrement vastes à l'industrie pastorale.

La révolution économique produite par les applications du froid, dont nous ne voyons encore que les débuts, promet de rivaliser d'importance avec celle qu'a amenée, il y a un demi-siècle, l'établissement des moyens de transport à grande vitesse-et à grande capacité. Les chemins de fer et les bateaux à vapeur ont permis aux grains, aux textiles, aux minéraux, à toutes les denrées de conservation facile de venir des pays les plus éloignés lutter sur les grands marchés, dans les grands centres de consommation et d'industrie du vieux monde, avec les denrées similaires produites dans le voisinage. Mais les viandes, les fruits, le beurre, toute cette catégorie si importante des produits alimentaires autres que les grains, incapables de se conserver plus de quelques jours, n'avaient pu profiter du perfectionnement des transports. L'application industrielle du froid a étendu *perishable goods*, aux « denrées périssables », les bienfaits que celle de la vapeur avait procurés aux autres : grâce à elle, les viandes, les beurres, le fromage, les fruits, le miel, les œufs même peuvent supporter un voyage en mer de plus de quarante jours et arriver en parfait état de conservation d'Australie et de Nouvelle-Zélande dans les ports du Royaume-Uni.

Les premiers essais de transport des viandes congelées remontent à près de trente ans en arrière, au voyage du navire le *Frigorifique* de Bordeaux à la Plata. Comme pour tant d'autres industries, c'était un Français, M. Tellier, qui fit les premières expériences concluantes au point de vue technique. Mais, de même que pour l'éclairage par le gaz, de même que pour l'utilisation de la vapeur, nous avons laissé à d'autres le soin d'exploiter ce nouveau champ d'application de la science que nous avions découvert, comme nous leur avons abandonné, pour les mettre en valeur, tant de riches territoires que nos compatriotes avaient les premiers explorés. Ce n'est que depuis 1880 que le commerce des viandes congelées a pris un très grand développement ; le transport des beurres est venu ensuite ; les autres applications sont encore nouvelles et sortent à peine de la période expérimentale.

Une visite aux *freezing-works* du gouvernement, à Melbourne, m'a permis de me rendre compte de l'organisation de cette industrie, encore toute récente à Victoria. Des compagnies particulières s'occupent aussi de la congélation des diverses denrées ; mais, dans ce pays de socialisme d'Etat, le gouvernement a voulu créer un établissement modèle muni des derniers perfectionnements et qui lui permît de faire des expériences pour étendre à de nouveaux produits la méthode de conservation par le froid. Les bâtiments sont situés de part et d'autre de voies de chemins de fer qui apportent les produits des campagnes et permettent de les amener ensuite dans des wagons spéciaux jusqu'au quai où ils sont chargés sur les navires. Le froid est produit par la détente de l'ammoniaque liquéfiée dans des tuyaux qui circulent à travers les chambres et peut s'abaisser jusqu'à plusieurs dizaines de degrés au-dessous de zéro. Les viandes seules sont soumises à une très basse température, — 18° à — 20°. On me fait passer successivement dans les chambres où se trouvent les moutons, puis les volailles, dindons, poulets, canards, enfin les lapins. Toutes ces viandes ont la dureté du bois ; aussi, les petits animaux, lapins et volailles, qui sont placés par 30 ou 40 dans des caisses à claire-voie, y sont-ils entassés avant d'être gelés : on peut en faire entrer ainsi un plus grand nombre dans un plus petit espace. Après les viandes voici les œufs : l'année précédente, où on les exportait pour la première fois, on les avait soumis à un très grand froid ; mais ils s'étaient brisés en morceaux ; aussi les maintient-on à présent un peu au-dessus du point de glace, entre 0° et 1 degré. Ils sont soigneusement empaquetés dans des cadres de carton en forme de damier, chaque œuf ayant sa case et complètement entouré de cosses de pois pour amortir les chocs. Le beurre n'est envoyé qu'après avoir été stérilisé. Le miel, enfin, avait été d'abord expédié dans des boîtes d'étain, mais les résultats ont été mauvais ; aussi expérimente-t-on maintenant son envoi en rayons. Cinq ou six gâteaux de miel sont superposés dans une boîte en bois, séparés par des feuilles de fort carton. Autour de cette première enveloppe s'en trouve une seconde, qui ne lui est reliée que par des ressorts, en sorte que les chocs ne parviennent que très adoucis à la boîte intérieure.

A bord des navires qui les chargent, les viandes et les autres produits continuent à être soumis aux mêmes températures que dans les *freezing-works*, dans de grandes chambres spécialement aménagées. A la fin de 1894, trente-six navires de 4000 à 7000 tonnes, dont trente vapeurs, étaient employés au transport des viandes de mouton congelées entre la seule colonie de la Nouvelle-Zélande — où cette industrie est, il est vrai, beaucoup plus développée et plus ancienne qu'en Australie même — et l'Angleterre. Les plus petits peuvent transporter de 25 à 30000, les plus grands 70000 carcasses de moutons : l'ensemble de cette flotte suffirait au transport de 3 millions de carcasses par an. Deux compagnies anglaises s'occupent spécialement de ce trafic. Leurs bateaux partent tous les quinze jours de Londres, doublent le cap de Bonne-Espérance, font escale en Tasmanie, puis aux divers ports néo-zélandais et rentrent en Angleterre en doublant le cap Horn. Le voyage est un peu plus long que par le canal de Suez, — quarante jours environ dans chaque sens, — mais les navires ne subissent pas les chaleurs prolongées qu'imposent la traversée oblique des tropiques et celle de la Mer-Rouge, et profitent des vents d'ouest favorables qui règnent dans le Pacifique austral. Plusieurs sont aussi magnifiquement organisés pour le transport des passagers : le *Gothic*, que je visitai à Wellington, peut lutter à ce point de vue avec les plus beaux des Transatlantiques,

En 1880, il n'était entré dans les ports anglais que 400 carcasses de moutons et d'agneaux venant toutes d'Australie. En 1895, il en est arrivé dans le Royaume-Uni 5013000, dont 2409500 venaient de Nouvelle-Zélande, 968900 d'Australie, 19400 des îles Falkland, 1615200 de la République Argentine. C'est surtout dans la Nouvelle-Zélande, dont le climat plus humide a permis d'acclimater les herbes anglaises et est plus favorable à l'engraissement des moutons, que ce commerce a pris un grand essor. En Australie, il a longtemps végété et ne s'est accru rapidement et dans de fortes proportions que depuis 1890 : il se développera sans doute encore beaucoup dans l'avenir, car on estime que les colonies australiennes, la Nouvelle-Zélande non comprise, pourraient disposer d'un excédent annuel de 4 à 5 millions de moutons à expédier on Europe. Elles ne sont pas aussi avancées en ce qui concerne la viande de bœuf, qui n'est produite sur une grande échelle que dans l'Australie tropicale ou semi-tropicale, dans le Queensland et le nord de la Nouvelle-Galles. La première de ces colonies exportait néanmoins 161000 quintaux de bœuf gelé en 1895 au lieu de 20000 seulement en 1891, et la seconde 63 00 au lieu de 400 quatre ans plus tôt. Elles commencent à faire concurrence sur le marché anglais aux exportations similaires des États-Unis, qui oscillent entre 800000 et un million de quintaux par an.

Cette concurrence même que se font l'Australie et les deux Amériques tend, toutefois, à réduire les prix de vente à un niveau qui ne laisse plus aux éleveurs qu'un bien faible profit. La viande gelée se vend toujours beaucoup moins cher que la viande fraîche, parce que l'opération du dégel, malgré tous les perfectionnements qu'on a cherché à y apporter, lui laisse un aspect peu agréable et lui fait perdre une partie de ses qualités : le mouton australien ou néo-zélandais ne valait ainsi à Londres, l'été dernier, que 35 à 40 centimes la livre, alors que le mouton anglais ou écossais se payait en gros 60 à 65 centimes. Le fret, qui était d'environ 20 centimes, il y a quelques années, n'est plus que de 10 aujourd'hui ; les dépenses de congélation et d'embarquement faites dans la colonie sont d'environ 4 centimes ; en y ajoutant les frais d'assurance et ceux qu'il faut encore faire à Londres, on arrive à un total de 20 centimes de dépense pour amener de Nouvelle-Zélande sur le marché anglais une livre de mouton qui se vendra environ 40 centimes. On considère cependant dans la colonie que les 20 centimes restant suffisent à rémunérer convenablement l'éleveur, bien qu'il doive amènera ses frais le mouton de sa propriété au port d'embarquement ; mais il ne faudrait pas que les prix éprouvassent une plus forte baisse. Les compagnies qui possèdent les *freezing-works* et qui achètent aux propriétaires sont elles-mêmes en relation avec des maisons de Londres, à qui elles expédient à intervalles fixes un nombre déterminé de moutons, de façon à éviter les alternatives d'encombrement et d'insuffisance du marché. Ce sont les produits accessoires, suif et autres, qui constituent la plus grande partie des bénéfices de ces compagnies. Certaines maisons anglaises très importantes possèdent elles-mêmes des *freezing-works* dans les colonies et achètent du bétail directement aux éleveurs, aussi bien qu'aux compagnies secondaires. C'est la grande échelle sur laquelle est organisée l'industrie de la congélation, aussi bien que l'élevage lui-même, qui, avec l'abaissement du fret, permet aux produits des antipodes de venir lutter avec profit contre les produits européens. Nulle part ce caractère industriel que prend, dans les pays neufs, la fabrication de denrées qui ne semblaient nullement s'y prêter n'est plus marqué que dans la production du beurre. Ce n'est pas dans les fermes, avec les vieilles barattes d'autrefois qu'ont été faites les 7000 tonnes de beurre que la colonie de Victoria a expédiées en Angleterre en 1894 et les 11000 qu'elle y a envoyées l'année suivante. Ces antiques instruments ont été remplacés par des machines des — « séparateurs » — qui leur sont aussi supérieures qu'une moisonneuse-lieuse l'est à une faucille. Des 12500 tonnes de beurre produites dans Victoria en 1893-94, 8000 l'avaient été dans 133 fabriques, dont 119 se servaient de la vapeur comme force motrice et qui employaient en tout 516 ouvriers ; leurs installations réunies avaient une valeur de 5 millions de francs. La Nouvelle-Zélande, qui est surtout le domaine des beurreries coopératives, et la Nouvelle-Galles du Sud exportent aussi du beurre, mais en moindre quantité que Victoria. Ces produits des antipodes arrivent sur le marché de Londres au même prix que le beurre du Danemark, qui est le plus grand fournisseur de l'Angleterre. Les derniers contrats passés par le gouvernement de Victoria avec les compagnies de navigation assurent, à partir du mois de mai de cette année, un service hebdomadaire l'été, bimensuel l'hiver, pour le transport des viandes, des beurres et des fromages, moyennant 7 centimes et demi par livre seulement, et celui des volailles, des lapins et des œufs renfermés dans des caisses à raison de 82 francs par mètre cube, ce qui représente un abaissement de 10 à 25 pour 100 sur les prix en vigueur au moment où je me trouvais en Australie. Les gouvernements des diverses colonies s'occupent aussi beaucoup de ces nouvelles industries d'exportation. Leurs ministères de l'agriculture envoient gratuitement à tous ceux qui les demandent les renseignements nécessaires à l'installation de beurreries et de crémeries ; des écoles ont été fondées, des fonctionnaires spéciaux envoyés à Londres à demeure pour aider à la vente ; des primes même ont été établies à Victoria pour favoriser la production du beurre. Cette intervention de l'État a donné lieu à quelques critiques, quoiqu'elle s'explique par le désir des gouvernements de faciliter la création de nouvelles ressources qui aident les colonies à sortir de la grave crise économique où elles sont plongées depuis 1893. Peut-être, cependant, les colons se sont-ils lancés trop vivement dans cette voie : le prix de 5 centimes le litre, où le lait était tombé dans l'automne de 1896 à Victoria, est bien peu rémunérateur, même pour les producteurs australiens. Un des grands journaux de Melbourne, — ces questions occupent une place très importante dans la presse des colonies, — calculait qu'une vache devait donner par an 1 800 litres de lait pour rémunérer son propriétaire à ce prix, et de pareilles quantités sont rares, sous le climat sec des colonies.

Mais les procédés de conservation par le froid se perfectionnent tous les jours : après la viande gelée, *frozen meat*, voici la *chilled meat*, la viande simplement refroidie, « qui a eu le frisson », faudrait-il dire pour rendre exactement l'expression anglaise. Depuis longtemps on en exporte des

Etats-Unis, mais on doutait que, refroidie seulement à 2 degrés au-dessous de zéro, elle pût supporter un voyage de quarante jours, dont un tiers sous les tropiques. Une expérience faite l'année dernière a pourtant pleinement réussi. Un grand navire le *Gothic*, de 7 700 tonnes, parti de Nouvelle-Zélande le 2 mai, arriva à Londres le 11 juin, après avoir doublé le cap Horn avec une cargaison de viande refroidie : le bœuf, en parfait état, fut vendu près du double du bœuf congelé ; le mouton, arrivé en moins bonne condition, trouva néanmoins preneur à 20 ou 25 pour 100 de plus que la même viande congelée. L'effet du simple refroidissement est de ne geler que la partie extérieure des viandes sur une faible épaisseur ; la masse intérieure reste aussi fraîche que si l'animal venait d'être abattu et, protégée par la croûte durcie, ne se putréfie pas. On expérimente aussi la substitution du simple refroidissement à la congélation complète pour le beurre, auquel les très basses températures enlèvent une partie de sa saveur.

Les agriculteurs européens s'étaient en grand nombre réfugiés dans l'élevage du bétail, où ils espéraient trouver une compensation aux déboires que leur avait causés la baisse des prix du blé. Grâce à de nouvelles applications de la science, les voici menacés de la concurrence, non plus seulement des grains, mais des produits animaux exotiques. Allons-nous voir, sous l'influence des exportations américaines et australiennes, les prix du bétail s'abaisser dans les mêmes proportions que ceux des céréales ? A la longue, il est probable qu'il en sera ainsi. Toutefois le phénomène sera sans doute moins brusque. La consommation de la viande est susceptible de se développer beaucoup avec l'amélioration du bien-être général, pour peu que les prix baissent légèrement, tandis que l'importance relative du pain dans l'alimentation tend plutôt à diminuer un peu quand l'aisance augmente ; toute baisse de prix du beurre et des œufs doit également en élargir beaucoup le marché. D'ailleurs ces produits animaux offrent beaucoup moins d'homogénéité que les grains, ce qui est un grand désavantage pour les ventes à distance et en gros : des correspondances de Londres, parues dans les journaux d'Australie pendant mon séjour, signalaient comme un grave inconvénient le manque d'uniformité dans l'aspect et surtout la coloration des beurres. Les fluctuations de prix qui ont lieu à Londres entre le moment des achats dans les colonies et celui de l'arrivée des produits en Angleterre, bien des semaines après, sont aussi l'une des grandes difficultés de ce commerce, de même que l'établissement d'arrivages à intervalles déterminés. De grands progrès ont toutefois déjà été faits et, en 1895, le marché de Londres a été approvisionné avec assez de régularité.

Cependant les viandes importées ne formaient encore, en 1892, que moins d'un tiers de la consommation totale du Royaume-Uni, 600000 tonnes sur 2200000. L'importation avait presque doublé depuis 1885, où elle n'atteignait que 335000 tonnes. Les colonies australasiennes mêmes, qui avaient une grande part dans ce progrès, envoyaient, l'année dernière, 110000 tonnes. Elles sont donc loin d'occuper encore dans la production de la viande la même place prépondérante que dans celle de la laine, quoiqu'elles y avancent vite. Leur concurrence est peut-être plus dangereuse dans l'industrie de la laiterie, où elles menacent sérieusement les fournisseurs continentaux du marché anglais, dont la France est, après le Danemark, le principal. Sans doute, en 1894, les importations de beurres exotiques en Angleterre ne s'élevaient qu'à 15000 tonnes, dont 11000 d'Australasie et 4000 d'Amérique, tandis que le continent européen expédiait 117000 tonnes, dont 49000 pour le Danemark et 21000 pour la France : mais ce n'étaient là que des débuts : les importations australiennes ont certainement été moitié plus fortes l'année dernière, et, grâce à l'organisation industrielle perfectionnée de leurs beurreries, les producteurs des antipodes pourront peut-être triompher de leurs rivaux européens. La révolution économique commencée il y a cinquante ans s'achève aujourd'hui : la distance n'est plus un obstacle sérieux au transport d'aucune denrée ; pourvu que la production en soit habilement dirigée, que le sol et le climat s'y prêtent, peu importe que des milliers de lieues séparent le producteur du consommateur.

III

La découverte des moyens de conservation des « denrées périssables » a été d'autant plus précieuse pour l'Australie qu'elle est loin d'occuper au point de vue agricole le même rang parmi les divers pays du monde qu'au point de vue pastoral. On estimait en 1892-1893 la valeur totale des produits de son bétail à plus de 1 200 millions de francs, dont 560 pour une seule denrée, la laine, tandis que ses cultures n'avaient donné que 540 millions. Celle des colonies où l'agriculture proprement dite joue le plus grand rôle dans la production est l'Australie du Sud, quoique, d'une façon absolue, la valeur de ses récoltes soit légèrement inférieure à celle de Victoria. Ces deux colonies et la Nouvelle-Zélande sont les seules où les céréales indigènes suffisent à la consommation : après qu'elles en ont approvisionné les autres contrées de l'Australie, elles n'ont encore à exporter dans le reste du monde que 2 millions et demi d'hectolitres de blé (1892-93) et moins d'un million d'hectolitres d'avoine : ces derniers viennent presque tous de la Nouvelle-Zélande. L'ensemble des colonies se suffit encore à peu près à lui-même pour le maïs, cultivé surtout en Nouvelle-Galles et en Queensland, dans les parties chaudes du continent australien, pour le foin, pour les pommes déterre, qui viennent surtout de Victoria et de Nouvelle-Zélande ; mais aucun commerce d'exportation de ces denrées n'existe encore.

L'insignifiance relative des cultures est un des traits qui frappent le plus un voyageur européen en Australie. Durant le trajet de vingt heures en chemin de fer qui sépare Melbourne de Sydney, l'on ne voit guère de champs de quelque étendue qu'aux environs de la première de ces villes, quelques vergers et quelques vignes lorsqu'on passe le Murray à la limite des deux colonies, des cultures maraîchères au moment d'entrer à

Sydney. Des forêts d'eucalyptus, des pâturages semés d'arbres, où paissent des moutons ou des bêtes à cornes, suivant qu'on est plus ou moins loin des côtes, c'est là le paysage qui se déroule avec monotonie pendant tout le parcours. De Melbourne à Adélaïde, les cultures sont un peu moins rares, mais les pâturages, ou même de vrais déserts couverts de *scrub* rabougri, occupent de beaucoup la plus grande place. Rien ne diffère plus des immenses champs de maïs ou de blé de l'Illinois, de l'Iowa, du Minnesota, où les charrues à vapeur tracent des sillons rigoureusement droits d'un ou deux kilomètres de long. On aurait tort de reprocher aux Australiens leur négligence pour le labourage. En se consacrant avant tout à la production du bétail, ils n'ont fait que suivre la voie que leur indiquait la nature : ils n'ont point à leur disposition la prairie rase de l'Amérique du Nord soumise au climat encore assez humide de la partie centrale du bassin du Mississipi. Chez eux, les régions voisines de la mer, où la pluie est suffisante, sont presque toujours couvertes de denses forêts d'eucalyptus malaisées à défricher ; dès qu'on s'avance un peu dans l'intérieur, le climat est trop irrégulier et trop sec pour permettre les cultures. Seuls sur le continent australien, le pays ondulé qui forme le centre de la colonie de Victoria et les plaines qui s'étendent dans l'Australie du Sud entre le golfe de Saint-Vincent et les collines de l'intérieur offrent aux céréales des conditions favorables de développement.

Encore le rendement est-il souvent bien maigre. Dans l'Australie du Sud, il est descendu en 1889 à trois hectolitres et demi par hectare ; il y est en moyenne de six, de neuf dans Victoria, de dix et demi dans la Nouvelle-Galles du Sud. On comprend qu'au prix actuel du blé, qui est de 10 à 12 francs l'hectolitre, les Australiens ne croient pas avoir intérêt à développer leur production notablement au-delà de leurs besoins. Peut-être pourrait-il en être autrement en Nouvelle-Zélande, où le climat est humide et beaucoup plus favorable, comme le prouve un rendement moyen de 21 hectolitres à l'hectare. Les grandes plaines de Canterbury, dans l'île du

Sud, sont la seule région de l'Australasie où la culture des céréales soit pratiquée sur une vaste échelle. Elle y est, du fait du climat, plus intensive qu'en Australie ; les prairies artificielles, presque inconnues sur le continent voisin, y couvrent aussi 3 millions d'hectares, plus que l'ensemble de toutes les autres cultures dans l'Australasie entière.

La production des céréales, si perfectionnés que soient les nouveaux procédés d'exploitation, exige plus de main-d'œuvre que l'élève du bétail, et c'est encore une des causes qui tendent à en ralentir le développement aux antipodes, où le prix du travail humain est fort élevé. A plus forte raison, cette cherté est-elle un obstacle pour les cultures raffinées nécessitant des soins assidus, comme celle de la vigne, à laquelle le climat des parties les moins chaudes de l'Australie conviendrait cependant fort bien. Les Australiens sont assez fiers de leur production vinicole ; ils prétendent même un jour détrôner les vins français sur le marché anglais, et non seulement les vins français, mais ceux du Rhin, d'Espagne, de Portugal, car ils ont fait venir des plants de tous les pays et imitent tous les crus possibles de l'Europe et de l'Asie. Demandez dans un hôtel de Melbourne la carte des vins : sur la partie réservée aux vins du pays, vous trouverez inscrits du bordeaux (*claret*), du bourgogne, du reisling, du chablis, du vin du Rhin (*hock*), du porto, du madère, du xérès (*sherry*), même du chiraz, qui doit être, d'après son nom, une imitation de vin persan ! Cette ardeur à vouloir tout produire du premier coup dénote quelque inexpérience, d'autant que les divers cépages sont souvent mélangés au hasard sans tenir compte des terrains et des expositions qui leur conviendraient le mieux. Mais la science du vigneron ne s'acquiert pas en un jour, et tandis qu'il est assez facile de transformer en quelques mois le premier immigrant venu débarqué d'Europe en un auxiliaire utile sur une station de moutons, il faut des années, on serait tenté presque de dire des générations, pour accoutumer un homme à donner à la vigne les soins délicats qu'elle exige, surtout lorsque cet homme est un Anglo-Saxon et n'en a jamais vu un cep avant d'arriver en Australie.

117

Aussi 23 500 hectares seulement étaient-ils, en 1893, consacrés à la culture de la vigne : c'était trois fois plus, il est vrai, qu'en 1881, huit fois plus qu'en 1861. Les quatre cinquièmes de ce vignoble appartenaient aux colonies de Victoria et de l'Australie du Sud.

Aux environs d'Adélaïde, les vignes sont très nombreuses : j'y visitai un domaine dirigé par l'un des très rares Français que j'aie rencontrés aux antipodes, un Bourguignon, établi là depuis douze ans. Des coteaux où se trouvait la propriété, la vue était charmante sur la plaine bien cultivée, coupée de champs, de vergers, de vignobles, parsemée de bouquets d'eucalyptus, et limitée par la mer à l'horizon du couchant. La netteté des contours, le bleu profond du ciel, la blancheur éclatante des routes poussiéreuses, la chaleur qui faisait monter le thermomètre à 30° en cette journée d'octobre, l'avril de l'hémisphère sud, me rappelaient l'Afrique du Nord plus encore que l'Europe méditerranéenne.

Les sarments des vignes qu'on laisse courir sur le sol, entre les ceps plantés à grande distance, comme dans le midi de la France, étaient plus vigoureux qu'ils ne le sont au début de juin en Languedoc ou en Provence. Le régisseur français se plaignait vivement de la diversité des cépages plantés avant son arrivée, mélangés au hasard, et sans tenir compte ni de l'exposition, ni de la nature du sol ; on avait de plus, disait-il, abîmé les plants par des tailles maladroites, et ils s'en étaient longtemps ressentis. Aujourd'hui tout le vignoble était en bon état, et les 58 hectares produisaient 1800 à 2000 hectolitres de vin, soit 30 à 35 à l'hectare. Les trois quarts de cette récolte étaient formés de claret ou imitation de bordeaux, vin rouge en réalité un peu plus corsé que son prototype. Le reste comprenait les vins les plus variés : chaque grand producteur de vin, me disait mon hôte, a en ville un bureau où ses clients s'adressent pour lui faire leurs commandes sur échantillons. Ils s'attendent à y trouver tous les vins qu'ils peuvent avoir fantaisie de boire, rouges et blancs, secs, doux et mousseux, tout comme ils se procurent chez un pâtissier toute espèce de gâteaux. Cela complique absurdement la besogne du vigneron et l'installation de sa cave ; mais c'est une condition nécessaire. « Je vends même, ajoutait-il, du vin non fermenté à l'usage de certaines *dénominations* religieuses, qui poussent le fanatisme de la tempérance jusqu'à ne pas vouloir se servir de liquides alcooliques pour donner la communion. » Ce « vin non fermenté » n'était que du moût pasteurisé.

On éprouve en Australie, sauf en quelques districts favorisés de Victoria, les mêmes difficultés qu'en Algérie à produire du vin susceptible d'une longue conservation ; la cause en est la même : la grande chaleur qui règne au moment de la vendange, — les maxima de plus de 40° sont fréquents à Adélaïde, — fait monter la température dans les caves à 27° ou 28°, et empêche la fermentation d'être régulière et le sucre du raisin de se transformer complètement en alcool. Aussi les vins australiens sont-ils trop souvent louches et douceâtres, quoique très chargés d'alcool. L'inexpérience des vignerons vient aggraver les mauvaises conditions climatologiques. Dans le domaine dont je viens de parler, le régisseur me faisait remarquer la mauvaise construction de la cave, bâtie avant son arrivée en matériaux très légers, en un endroit très exposé au soleil ; dans une autre grande propriété de la plaine d'Adélaïde que je visitai, le cellier n'était qu'un mauvais hangar mal fermé, où la température s'élève parfois à 32° ou même à 35°. Les petits cultivateurs, qui sont nombreux, ne font pas en général leur vin eux-mêmes, mais vendent leurs raisins aux grands propriétaires du voisinage.

Malgré leurs défauts, les vins australiens seraient une boisson bien préférable au *whiskey,* au *gin* et autres alcools frelatés que beaucoup de colons boivent purs ou mélangés à l'eau. Mais c'est précisément le manque de débouché local qui nuit le plus à la viticulture en Australie. La production égale à peu près aujourd'hui la consommation : celle-ci était de 130000 hectolitres en 1893, alors que la récolte précédente atteignait 165000 hectolitres. L'exportation en Angleterre aurait été de 23000 hectolitres en 1892 contre 17000 en 1891.

C'est là une bien faible fraction de la consommation anglaise, qui monte de 650000 à 700000 hectolitres annuellement. Les vignerons de France et d'Espagne n'auront sans doute pas à craindre d'ici longtemps la concurrence des Australiens sur le marché anglais. Le vin, en Angleterre, est un article de grand luxe ; on n'y importe guère que des vins de choix, et les crus classés du continent européen, produits de vieilles vignes et d'une culture vraiment artistique, conserveront bien des années l'avantage sur ceux de l'Australie, auxquels la jeunesse des plants, l'inexpérience de viticulteurs novices, des conditions de climat moins favorables, la longueur du voyage, rendront toujours la lutte difficile. Dût-elle même fournir un jour à la plus grande partie de la consommation anglaise, la viticulture australienne n'en deviendrait pas encore une des industries importantes des colonies. Il faudrait, pour qu'elle atteignît ce rang, que la consommation locale augmentât énormément ; elle n'est en moyenne que d'un peu plus de 3 litres par tête et par an dans l'ensemble de l'Australasie, variant de 0 l, 60 en Tasmanie à 10 litres dans l'Australie de l'Ouest.

Dans les deux grandes colonies productrices de Victoria et de l'Australie du Sud, elle atteint à peine 4 litres à 4 litres et demi. Il est difficile de faire renoncer une population à des boissons dont elle a l'habitude héréditaire : les Anglo-Saxons ont celle de la bière et du *whiskey*. Ils apprécient peu le vin, qui se vend d'ailleurs beaucoup plus cher en Australie que la bière ; les vins les plus communs sont vendus dans l'Australie du Sud par les producteurs 65 à 70 francs l'hectolitre, rendus à Adélaïde ; on les paye chez les détaillants de même qu'à Melbourne, au moins 0 fr. 80 à 0 fr. 90 le litre. Les vins un peu supérieurs se vendent le plus souvent par caisses de 12 bouteilles d'un litre, et l'on en obtient d'assez agréables, blancs ou rouges, à partir du prix de 15 à 18 francs la caisse. Ce ne sont pas là des conditions qui permettent au vin de devenir une boisson populaire. On se rend facilement compte, dans les clubs, dans les restaurants, que, même chez les classes élevées, il reste un objet de demi-luxe tout au moins, dont on ne se sert qu'en médiocre quantité. D'autre part, l'élévation du prix de la main-d'œuvre rend l'abaissement de ceux du vin difficile. Il est impossible de trouver un homme pour biner la vigne, ce qui n'est pas un travail pénible, à moins de 5 fr. 60 par jour ; il l'aurait fallu payer 6 fr. 85 avant la crise de 1893 ; tous les autres ouvriers sont payés à l'avenant. Aussi les viticulteurs australiens, non contents d'être protégés par des droits énormes de 6 fr. 25 à 7 fr. 50 le *gallon* de quatre litres et demi, demandent-ils encore des primes à leurs gouvernements.

Bien d'autres cultures ont été essayées en Australie, surtout dans ces dernières années, mais sont encore pour la plupart à l'état expérimental. Quelques-unes d'entre elles seraient susceptibles d'extension à l'avenir : celle des arbres fruitiers est de ce nombre. La portion du globe où se trouvent les colonies anglaises des antipodes étant tournée vers le soleil lorsque notre hémisphère s'en détourne, toutes les récoltes s'y font six mois plus tôt ou plus tard qu'en Europe. Les fruits qu'elles nous expédieraient, arrivant en une saison où nous en sommes privés, seraient donc les bienvenus et trouveraient certainement un débouché. Toute la question est d'amener les fruits frais en Angleterre en bon état de conservation. Pour les oranges et les citrons, le problème est déjà résolu. Quelques envois ont été faits des orangeries de la Nouvelle-Galles du Sud, qui couvrent 4 500 hectares, surtout aux environs de Paramatta, au fond de cette baie enchanteresse de Port-Jackson qui forme le port de Sydney. Les orangers de Paramatta sont aussi beaux que ceux de Blidah, en Algérie, et les vergers qui couvrent les environs en font l'endroit le plus agréable que j'aie vu en Australie.

Toutes les colonies du reste, à l'exception de la Tasmanie et de la partie méridionale de la Nouvelle-Zélande, sont propres à la culture de l'oranger, du citronnier ; toutes commencent à s'y livrer, et la production australienne atteint déjà la consommation. La Tasmanie exporte en Europe des pommes et, chaque année, à l'automne des antipodes, qui est notre printemps, les grands paquebots-poste de la Compagnie

121

Péninsulaire et Orientale font escale dans le magnifique port de sa capitale, Hobart, pour les y charger. Les autres fruits ne sont pas produits en assez grande quantité pour la consommation locale ; de plus, on n'est pas encore assez assuré de la valeur des procédés de conservation, qui consistent soit à refroidir les fruits un peu au-dessus de zéro, soit à les enduire de compositions spéciales qui nuisent légèrement à leur apparence, mais maintiennent l'intérieur à l'abri de l'air et des germes qui y flottent. La surface totale occupée par les jardins était, en 1892, de 60 000 hectares, et leur produit de 66 millions de francs.

Des expériences ont été faites sur une grande échelle pour cultiver les fruits, non seulement dans les régions côtières, mais encore à l'intérieur en suppléant par l'irrigation à l'insuffisance et à l'irrégularité des pluies. L'aménagement des eaux est un point sur lequel notre temps se trouve fort en arrière des anciens et des Arabes du moyen âge : il y a eu là un véritable recul de la civilisation qui s'explique parce que le centre en est passé dans des pays où l'humidité du climat diminuait l'importance de l'irrigation. Maintenant que les européens se sont taillé de nouveaux domaines dans tous les coins du monde et s'occupent de les mettre en valeur, ils se sont aperçus que les contrées où le régime des pluies est semblable à celui de l'Europe du nord-ouest sont des régions favorisées, mais presque exceptionnelles, et leur attention s'est de nouveau portée vers l'utilisation des eaux courantes ou souterraines là où celles du ciel faisaient défaut.

Mais la culture irriguée demande une grande dépense de main-d'œuvre, une attention constante et délicate qui ne se rencontre guère chez les nouveaux colons. Comme celle de la vigne, comme les industries artistiques, elle exige des qualités qui se trouvent rarement dans les pays neufs. La grande exploitation de Mildura, sur le Murray, où une grande compagnie avait affermé par lots à de petits cultivateurs auxquels elle faisait des avances les terrains qu'elle tenait elle-même du gouvernement, vient d'aboutir à une déconfiture financière complète, et presque tous les colons devront quitter le pays.

Toute la partie tropicale de l'Australie est encore pour ainsi dire inexploitée ; la canne à sucre est cultivée dans le Queensland et le nord de la Nouvelle-Galles, mais la présence d'engagés polynésiens importés des îles Salomon et des Nouvelles-Hébrides pour le travail des plantations y donne lieu à de vives discussions politiques et à des réclamations des ouvriers blancs, plus exclusifs en Australie que partout ailleurs. Cependant il semble impossible de mettre en valeur tout le nord du continent sans avoir recours à la main-d'œuvre de couleur : on a dû maintenir aux Chinois l'autorisation de s'établir dans le territoire du nord dépendant de l'Australie du Sud, alors qu'ils ont à payer 2500 francs par tête pour entrer dans les autres colonies.

Le problème de l'exploitation de l'Australie tropicale, pour n'être pas pressant, n'en est pas moins assez difficile pour l'avenir.

L'industrie existe à peine en Australie et ne s'y maintient que grâce à des tarifs protecteurs démesurés ; elle ne constitue pas une des ressources réelles du pays. Mais l'exploitation des mines, en dehors des gisements d'or, en est une sérieuse : la valeur de la production argentifère a été en 1892 de 63 millions de francs, venant presque tous de Broken Hill, la plus grande mine d'argent du monde, en Nouvelle-Galles. Ce qui est plus important encore, c'est que cette colonie est un pays exportateur de charbon ; malheureusement des grèves répétées, nuisant à la régularité des exploitations, ont fait abandonner à beaucoup de navires le port de Newcastle, où se trouvent les principales mines, et favorisé la concurrence que les charbons japonais font à ceux d'Australie dans le Pacifique. La production du charbon atteignait, en 1892, en Australasie, 4718000 tonnes, dont 3 780000 en Nouvelle-Galles, 673000 en Nouvelle-Zélande et 265000 en Queensland.

Comment l'Australasie a-t-elle atteint le prodigieux développement économique dont nous venons de faire le tableau et qui peut se résumer par la valeur totale de sa production en 1891, — 117 millions et demi de livres sterling ou 2 milliards 940 millions de francs, soit 750 francs par tête, chiffre qui n'est atteint en aucune autre contrée — et par celui de son commerce extérieur dans la même année : 2 milliards 120 millions, dont 1080 millions d'exportations? Comment ont pu s'élever ces grandes villes, se creuser ces ports, se construire ces 20000 kilomètres de chemins de fer ? Les colons venus du vieux monde et les capitaux qu'ils apportaient avec eux n'auraient pas suffi à pareille tâche ; mais l'Angleterre a permis à ses fils expatriés de puiser largement dans ses trésors, et c'est grâce aux énormes sommes qu'elle leur a prêtées, non sans en retirer un important profit, qu'ils ont pu parfaire en si peu de temps une œuvre si colossale. La prospérité si rapidement acquise par l'Australasie est ainsi une démonstration éclatante de l'utilité de la colonisation pour le pays colonisé aussi bien que pour le pays colonisateur, de l'importance du capital dans la production de la richesse, et de la puissance du crédit. Elle n'a que trop montré aussi, dans ces derniers temps, combien funestes peuvent être les abus de celui-ci.

A la fin de 1871, les Anglais avaient déjà placé en Australasie plus de 1900 millions de francs, dont 825 étaient prêtés aux gouvernements et aux municipalités et 1118 engagés dans des entreprises particulières. Dans les dix années suivantes, le chiffre des dettes publiques s'accrut de 1 300 millions, tandis que les immigrants arrivés dans les colonies y apportaient 578 millions et que 500 nouveaux millions étaient encore placés par des capitalistes britanniques dans diverses entreprises. De l'ensemble des deux derniers nombres, il faut déduire 585 millions représentant des sommes retirées d'Australasie par leurs possesseurs ou simplement transférées d'une colonie dans une autre. La caractéristique de cette période, 1871-1881, fut surtout l'accroissement des dettes publiques, dû principalement à la construction des réseaux de chemins de fer, qui étaient à peine ébauchés à son début. En dehors des emprunts gouvernementaux, les capitaux apportés par les immigrants l'emportèrent sur ceux qui furent prêtés par les habitants de la mère-patrie. De 1881 à 1892, il n'en fut pas de même, et l'augmentation des dettes australiennes, tant publiques que privées, prit des proportions gigantesques. Les gouvernements et les municipalités empruntèrent 2935 millions ; les immigrants apportèrent 875 millions ; mais, en outre, 2305 millions d'argent anglais vinrent chercher en Australasie, dans des entreprises de toutes sortes, un emploi plus rémunérateur qu'ils n'en pouvaient trouver en Europe, où le taux de l'intérêt s'abaissait tous les jours. D'autre part, 600 millions avaient été retirés de leur emploi en Australie par leurs possesseurs ou transférés d'une colonie à une autre et doivent être retranchés des sommes que nous venons de citer.

Cet énorme afflux de capitaux dans les douze années 1881-1892 n'était plus l'indice d'un développement sain ; il accompagnait une augmentation excessive de la population urbaine, et toute cette période fut caractérisée par une spéculation énorme portant surtout sur les biens-fonds, en particulier sur les terrains des villes, par une inflation générale. Les cinq milliards et demi introduits en Australasie de 1881 à 1892 développèrent à peine autant la production de ce pays que l'avaient fait les 1800 millions apportés de 1871 à 1881. En 1871, la valeur totale de cette production était évaluée à 1410 millions de francs ; en 1881, à 2 190 millions, en 1891 à 2 940. C'est un fait bien connu que les premiers capitaux appliqués à la mise en valeur d'un pays sont toujours plus productifs que ceux qui suivent ; mais l'effet de cette loi avait été exagéré aux antipodes par la furie des travaux publics et des constructions de chemins de fer, qui atteignit l'Australie comme elle avait atteint peu de temps auparavant la France et beaucoup de pays d'Europe. La plupart des lignes utiles étaient achevées en 1880 ou l'ont été peu après avec des capitaux empruntés avant cette époque. Les énormes emprunts d'Etat contractés depuis lors furent en grande partie gaspillés en prétendus *reproductive works* qui ne produisirent presque rien ; quant aux compagnies particulières qui se fondèrent, ce furent des sociétés financières et immobilières de spéculation, beaucoup plus que des entreprises destinées au développement réel des ressources du pays.

C'est à Melbourne surtout que l'on peut se rendre compte de ce qu'a été le *boom*, la grande période d'inflation et de spéculation, qui a sévi de 1886 à 1891, et dont on parle encore comme d'une sorte de temps fantastique. La seule colonie de Victoria, peuplée de 1100000 habitants, reçut pendant ces cinq années, outre 150 millions de francs apportés par des immigrants, 1215 millions de capitaux anglais, dont 425 prêtés à son gouvernement. Le mouvement de son commerce extérieur révélait une situation tout à fait anormale pour un pays neuf : ses importations étaient en moyenne des deux tiers plus fortes que ses exportations. L'immigration considérable qui s'y portait se concentrait tout entière à Melbourne même, dont la population, entre les recensements de 1881 et de 1891, s'accrut de 208000 habitants, tandis que tout le reste de la colonie n'en gagnait que 70000, chiffre inférieur à l'excédent des naissances sur les décès et qui indique un dépeuplement des campagnes au profit de la grande ville. C'était là, en effet, qu'on pouvait faire fortune rapidement en spéculant sur les terrains : dès 1884, dans Collins-Street, la plus grande artère de Melbourne, un lot de terrain s'était vendu 22000 francs le pied anglais (30 centimètres) de façade ; plus récemment, le prix atteignit 50000 francs pour la même unité. Une maison contenant des bureaux fut vendue, — m'affirmait un des anciens locataires, — 1 000000 francs en 1889 à une société immobilière, qui trouva dernièrement à grand'peine à s'en défaire pour 300000. C'est à ces créations de sociétés immobilières de spéculation que furent surtout consacrées les énormes sommes placées à Victoria par les capitalistes anglais. La seule année 1888 vit se fonder à Melbourne 433 sociétés par actions, avec un capital de 360 millions réellement versés, dont 247 étaient des sociétés financières, *chiefly connected with real estate*, c'est-à-dire s'occupant surtout de terrains, dit la publication officielle *the Victorian Year Book* ; au contraire, 17 de ces 433 compagnies seulement avaient pour but le développement des ressources naturelles du pays, en dehors des mines. Cette année 1888 marqua le point culminant de la période de spéculation : les opérations du *clearing house* de Melbourne portèrent alors sur 8 milliards 200 millions : trois ans auparavant, en 1885, elles n'avaient été que de 4 milliards 200 millions.

Ces excès ne contribuaient en rien au développement réel du pays, et une crise financière devait inévitablement les suivre. Ce qui l'aggrava, ce qui produisit en 1893 la catastrophe des banques australiennes, ce fut la forme particulière sous laquelle l'argent anglais était placé en Australie. Au lieu de s'associer directement entre eux pour constituer des compagnies opérant dans les colonies, la plupart des capitalistes du Royaume-Uni avaient mis leurs fonds en dépôt dans des banques, le plus souvent à six mois ou un an. C'était un placement des plus avantageux puisque, de novembre 1881 à février 1893, l'intérêt servi aux dépôts a un an dans les principales banques fut en moyenne de 5 pour 100 et ne descendit jamais au-dessous de 4 pour 100. Aussi, au début de 1892, plus d'un milliard de francs étaient déposés dans les 27 principales banques australiennes par des capitalistes britanniques, en dehors des 2800 millions que le public australien leur avait confiés. Une partie de cette dernière somme provenait, il est vrai, de comptes courants auxquels il n'était servi aucun intérêt. Néanmoins, il restait plus de 3 milliards de francs, auxquels il fallait payer un intérêt de 5 pour 100 ; les profits tirés des opérations de banques proprement dites n'y auraient jamais suffi. Aussi les banques australiennes les considéraient-elles comme tout à fait secondaires : elles distribuaient le crédit foncier, le crédit agricole, prêtant sur les terres, sur les maisons, sur le bétail, la laine, les récoltes, sur tous les gages qu'on leur présentait, et de la façon la plus imprudente, sans tenir compte de l'inflation énorme des prix des immeubles, de la difficulté de réalisation, des chances de dépréciation. Elles fondaient des *building societies*, des sociétés de construction à Melbourne ; elles spéculaient sur les terrains. L'industrie pastorale était des plus florissantes alors, les cours de la laine étaient élevés, et les *squatters* empruntaient pour augmenter leur exploitation, souvent aussi pour acheter les terres dont ils n'étaient que locataires, afin de les mettre à l'abri des *free selectors*, des immigrants nouveau venus auxquels les lois foncières permettaient d'acquérir du gouvernement certaines terres, même lorsqu'elles étaient déjà louées pour la pâture : les banques leur ouvraient largement leurs caisses : elles avaient en général commencé par prêter sur les troupeaux et se trouvaient entraînées à augmenter leurs avances pour faciliter l'achat du sol, de crainte que l'occupation d'une partie de la *station* par les *free selectors* ne vînt altérer la valeur de leur gage.

Emprunter à court terme et à un taux élevé, faire avec l'argent qu'on s'était ainsi procuré des prêts à long terme, sur des gages dont la valeur était énormément et artificiellement surélevée, et dont la réalisation devait devenir impossible en cas de crise, voilà quelle fut la ligne de conduite suivie de 1880 à 1892 par la plupart des banques australiennes. Par suite de l'importance des dépôts britanniques, elles devaient être compromises, non seulement si des événements fâcheux se produisaient en Australie même, mais encore si quelque incident un peu grave venait influencer le marché financier anglais et amenait les capitalistes du Royaume-Uni à retirer leurs dépôts. Le malheur voulut que ces deux éventualités se produisissent à la fois : la chute de la grande spéculation immobilière à Melbourne et une forte baisse du prix de la laine, rendant fort difficile la situation des *squatters*, eurent lieu au moment même où les désastres financiers des pays de l'Amérique et de l'Europe méridionales ébranlaient profondément le marché de Londres et obligeaient à liquider l'une des plus grandes et des plus anciennes maisons de banque de l'Angleterre. Les relations entre les diverses parties du monde sont si étroites aujourd'hui que la crise de l'Argentine, les troubles du Brésil, la banqueroute du Portugal et de la Grèce eurent leur contrecoup en Australie et y précipitèrent un désastre.

La période de spéculation qui avait atteint son point culminant à Melbourne en 1888 continua jusqu'en 1890 ; en 1891, la crise commença, non par les banques proprement dites, mais par de nombreuses institutions financières, improprement affublées de ce nom, qui servaient à leurs dépôts à un an un intérêt atteignant jusqu'à 7 pour 100. Toutes ces sociétés, qu'elles s'appelassent banques ou bien *Land Building* ou *Trade Companies*, pratiquaient, en l'exagérant encore, la politique d'emprunts à court terme et de prêts à long terme des grandes banques ; beaucoup d'entre elles, après avoir divisé en petits lots et vendu à des prix très élevés, payables par annuités, les terrains qu'elles détenaient, s'étaient empressées de répartir entre leurs actionnaires tout le profit présumé de l'opération, en le prélevant sur les dépôts ; souvent les acheteurs, qui n'avaient eux-mêmes d'autre but que de spéculer, abandonnèrent leurs lots après avoir versé les premiers acomptes ; les compagnies se trouvèrent alors dans l'impossibilité de faire face à leurs engagements. De juillet 1891 à mars 1892, 41 sociétés durent suspendre leurs paiements tant à Melbourne qu'à Sydney : leur capital s'élevait à 135 millions de francs, leurs dépôts à 365, leurs autres dettes à 90 millions. Trois des trente banques d'émission australiennes furent entraînées dans la crise et durent fermer leurs portes ; deux autres liquidèrent en 1892, une troisième en janvier 1893.

A ce moment, la spéculation immobilière s'était complètement effondrée ; la baisse des prix de la laine qui s'étaient affaissés de 15 à 20 pour 100 depuis 1891 avait rendu fort embarrassée la position des *squatters*, grands débiteurs des banques, et leurs clients anglais, fort alarmés des nombreuses faillites et déjà très atteints d'autre part, retiraient leurs fonds en grand nombre. Au printemps de 1893 eut lieu une catastrophe financière comme il n'y en a peut-être pas d'autre exemple : douze des vingt-quatre banques d'émission, dont les bilans réunis atteignaient 2 milliards et demi de francs, et la circulation de billets 64 millions, fermèrent leurs portes, se déclarant incapables de rembourser les 1800 millions de dépôts qui avaient été versés dans leurs caisses.

On peut difficilement se faire une idée de la violence de la commotion qui suivit ce désastre. En Australie comme en Amérique, les particuliers ne conservent jamais par devers eux que des sommes minimes, quelques livres sterling ; tout ce dont ils n'ont pas besoin dans le courant d'une même semaine est déposé dans les banques, qui ont des succursales dans les localités même les moins importantes. Or, voici que 250 millions de comptes courants se trouvaient arrêtés dans les banques. Les personnes les plus riches se virent du jour au lendemain totalement dépourvues d'argent liquide, à Melbourne surtout, où cinq des banques suspendues avaient leur siège. La panique eut heureusement peu d'effet sur les billets émis par les banques, à cause du petit nombre de ceux-ci : les législations australiennes sont fort restrictives en cette matière et le chiffre des billets en circulation est toujours resté très inférieur à l'encaisse métallique ; il n'en atteint pas actuellement le cinquième. La période la plus aiguë de la crise dura peu, toutefois, et, avant la fin de 1893, la plus grande partie des comptes courants avait été remboursée.

Il n'en put être de même des autres dépôts. Si l'on avait cherché à réaliser les gages sur lesquels les banques avaient imprudemment prêté ces fonds, on n'aurait abouti qu'à ruiner absolument débiteurs et créanciers : toutes les terres d'Australie eussent été à vendre, et elles n'auraient trouvé acquéreur qu'à des prix désastreux. Les créanciers s'en rendirent compte, renoncèrent à liquider et acceptèrent les arrangements que leur proposaient les banques. Avant la fin de 1893, les douze sociétés qui avaient suspendu leurs paiements en avril et mai étaient « reconstruites » et avaient rouvert leurs portes, mais on va juger à quelles dures conditions pour leurs créanciers : en échange de tous les dépôts non remboursables à vue des particuliers et d'une partie même des comptes courants, formant une somme totale de 1 500 millions de francs, dont 530 millions de capitaux britanniques, les banques remettaient à leurs clients des bons de dépôts auxquels devait être servi un intérêt de 4 1/2 pour 100 jusqu'à leur remboursement. Celui-ci devait avoir lieu à des dates diverses entre 1896 et 1907 : l'une des banques convertit même les trois quarts de ses dépôts en obligations perpétuelles 4 et 4 1/2 pour 100, une autre les deux tiers d'entre eux en actions privilégiées. En outre, les diverses sociétés ont appelé 150 millions de francs sur le capital non versé. Malgré cela et quoiqu'elles aient retiré de la circulation une partie de leurs bons, en les acceptant en échange de créances douteuses, leur position est difficile, puisqu'elles doivent être en mesure de rembourser, avant dix ans, plus de 1 300 millions de francs de dépôts.

Les gages sur lesquels elles ont prêté ont subi une effroyable dépréciation. La persistance des bas prix de la laine en 1893 et 1894 n'a fait qu'aggraver la situation des *squatters*, dont un certain nombre semblent être dans l'impossibilité de se libérer à jamais. Quant aux terrains urbains et aux maisons, ils ont perdu les deux tiers ou les trois quarts de leur valeur. Dans les plus beaux quartiers de Melbourne, des propriétaires, qui menaient, il y a cinq ans, un train effréné, offrent aujourd'hui de louer leurs somptueuses habitations à la simple condition de les entretenir en bon état, ainsi que les jardins y attenant. Les logements les plus modestes ont subi la même dépréciation : telle petite maison, louée à raison de 130 francs par mois avant le moment de la plus grande spéculation, ne se payait plus, en 1895, que 30 francs ; en 1888, on en louait de pareilles à 200 francs. C'est que la ville de Melbourne a été effroyablement atteinte par cette crise : sa population qui, de 1881 à 1891, avait augmenté de 20000 âmes par an, a diminué d'autant depuis ;

de 490000 habitants, elle est tombée, d'après les estimations officielles, à 444000 en décembre 1893 ; elle aurait encore perdu 15 à 20000 personnes l'année suivante, et un peu moins en 1895. Les recettes de son réseau de tramways sont tombées de 14 millions en 1890-1891 à 9 millions en 1894-95, témoignant de la diminution et de l'appauvrissement des habitants, du mauvais état des affaires. De même, les chemins de fer de la colonie de Victoria, dont le réseau est presque moitié plus considérable qu'il y a six ans, ont un chiffre total de recettes brutes d'un sixième inférieur. Partout on relève les signes d'une dépression profonde.

J'ai cité les faits qui se rapportent à la colonie de Victoria, parce que c'est elle qui donnait l'impulsion à toutes les autres, parce que c'est là que l'apparente prospérité produite par l'excès de spéculation et l'abus du crédit a été le plus caractérisée, et le désastre qui l'a suivie le plus profond. Elle a été depuis quinze ans la colonie type australienne, mais on retrouve dans toutes les autres les mêmes traits, un peu atténués. En Australie du Sud, la secousse a été presque aussi forte, en Nouvelles-Galles un peu moins, parce que les ressources réelles en sont plus grandes que celles de Victoria et que le développement en avait été moins artificiel ; dans le Queensland moins encore, parce que le pays est tout à fait neuf. La Nouvelle-Zélande, où une crise analogue, quoique moins intense, s'était produite quelques années plus tôt, a paru profiter un instant, par un effet de contraste, des embarras de ses voisines ; mais son gouvernement s'épuise aujourd'hui à vouloir sauver sa principale institution de crédit, compromise aussi par l'abus des prêts hypothécaires, et ses expériences politiques et sociales influent d'une manière défavorable sur son état économique.

Si la dépression a été aussi générale et aussi intense, si les colonies australiennes s'en dégagent si difficilement, c'est que des causes plus profondes s'étaient jointes, pour la produire, aux excès de spéculation. L'Australie est comme un homme dont la santé florissante cachait des tares constitutionnelles graves ; une secousse accidentelle, dont

132

l'effet eût été assez vite réparé dans un organisme sain, est venue la frapper ; elle en a été profondément atteinte, et les défectuosités qu'on soupçonnait bien sous ses brillants dehors, mais qui n'avaient pas encore produit d'effets, se sont montrées à nu et l'ont empêchée de guérir rapidement. Ces vices généraux, nous les avons signalés : c'est d'abord le manque d'harmonie entre la distribution des habitants et les ressources du pays, près de la moitié des premiers se trouvant dans les villes, les secondes dans les campagnes. C'est ensuite le protectionnisme à outrance, qui est en partie la conséquence de l'excès de la population urbaine et qui a produit des conditions de vie tout artificielles. Enfin un phénomène universel s'étendant non pas à l'Australasie seule, mais au monde entier, est venu encore, accentuer la crise : c'est la baisse de prix des produits bruts. Les pays neufs qui exportent leurs denrées sur les marchés européens y luttent non seulement avec les producteurs locaux, mais entre eux, et, tous les perfectionnements récents de l'agriculture leur permettant d'augmenter beaucoup les rendements, les prix s'effondrent. Les laines australiennes, bien que supérieures en qualité, ont à souffrir de la concurrence de celles de l'Argentine et du Cap de Bonne-Espérance. Une baisse de 2 pence, soit 20 centimes par livre, comme il s'en est produit de 1890 à 1893 dans le prix de cet article essentiel du commerce australien, représente pour l'ensemble des colonies une perte annuelle de 150 millions. Le prix élevé de la main-d'œuvre place l'Australie dans de fort mauvaises conditions pour lutter avec l'Amérique du Sud, et, grâce à son protectionnisme jaloux, elle souffre de l'avilissement des produits bruts, sans profiter de la baisse de prix des articles manufacturés.

On peut cependant distinguer en Australie, depuis le début de 1895, des signes de relèvement : ils se manifestent surtout dans le Queensland et la Nouvelle-Galles du Sud ; la première de ces colonies paraît aujourd'hui la plus sagement gouvernée de l'Australie ; la seconde possède une assez grande variété de ressources ; ses mines de charbon peuvent permettre à l'industrie de s'y développer avec plus de spontanéité que dans ses voisines ; elle a moins versé dans le protectionnisme ; elle s'en dégage tout à fait aujourd'hui, et le magnifique port de Sydney ne peut manquer de voir son trafic s'accroître sous un régime libéral. Les recettes des chemins de fer, les recettes budgétaires également, indiquaient en 1895 un progrès sur l'année précédente. Aussi envisage-t-on à Sydney l'avenir avec assez de confiance et pense-t-on avoir franchi le point le plus bas de la dépression. On n'en pouvait dire encore autant à Victoria et dans l'Australie du Sud ; aujourd'hui même, il semble que la situation, sans y avoir empiré depuis un ou deux ans, soit stagnante. La hausse des prix de la laine, qui a eu lieu depuis un an, lors même qu'elle ne serait que momentanée, doit cependant exercer une influence très favorable en Australie, et pourrait permettre aux *squatters* endettés de commencer du moins à se libérer vis-à-vis de leurs créanciers, ce qui affermirait quelque peu la position des banques reconstruites. Celle-ci est actuellement assez difficile et constitue une menace pour l'avenir. Les banques se sont engagées à servir aux dépôts, dont elles ont différé le paiement, un intérêt de 4 1/2 0/0, alors qu'aujourd'hui leurs concurrentes qui ont résisté à la crise se procurent très facilement de l'argent à 3 0/0 ; c'est là une grave cause d'infériorité pour les premières. Dès le moment où furent conclus les arrangements, quelques personnes manifestèrent la crainte qu'un intérêt aussi élevé ne fût une charge trop lourde pour les institutions réorganisées ; ces prévisions n'ont été que trop vérifiées : l'une des banques s'est vue forcée d'offrir à ses créanciers le choix entre une liquidation désastreuse et une réduction d'intérêt à 2 1/2 0/0 qu'ils ont acceptée. Une autre a été moins heureuse, les nouveaux arrangements qu'elle offrait étaient trop défavorables ; elle a dû fermer ses portes définitivement, et sa liquidation a permis de voir que, trop souvent, ce n'était pas seulement par imprudence qu'avaient péché les administrateurs de ces sociétés incapables de tenir leurs engagements. On n'attend pas sans anxiété les échéances de

1898, 1899 et 1900. Dans chacune de ces trois années, 275 à 300 millions de francs de bons de dépôts viennent à expiration, et si les porteurs venaient retirer leurs fonds en masse, les banques n'y résisteraient certainement pas. Mais elles espèrent que l'état général de l'Australie sera assez amélioré alors pour que la confiance soit revenue, et que leurs clients continueront à leur confier leurs capitaux, non plus à des taux d'intérêt démesurés, mais à des conditions qui leur permettent de faire quelques bénéfices.

Ces catastrophes financières, suivant de si près les crises de la République Argentine et de l'Uruguay et venant se joindre aux déboires éprouvés par les capitalistes anglais dans plusieurs pays du sud de l'Europe, avaient fortement éprouvé le crédit des colonies australiennes, jusqu'alors si ferme que leurs derniers emprunts de 1888 à 1890 avaient été contractés en 3 1/2 0/0 aux environs et même au-dessus du pair : Victoria avait émis en 1899 à 102 3/4 un fonds 3 1/2 0/0 remboursable ; au pair en 1923 ; en juin 1893, en pleine crise, il tomba au-dessous de 87. Le 3 1/2 de la Nouvelle-Galles, émis en 1888 à 102 1/4 et remboursable en 1924, ne cotait plus que 92 au même moment. Celui de l'Australie du Sud, lancé en 1889 à 98 et remboursable en 1939, avait fléchi à 93 ; celui du Queensland, émis en 1890 à 96 3/4 venant à échéance en 1949, à 87 3/4. C'était le crédit de Victoria, le meilleur avant la crise, qui avait été le plus atteint. Depuis lors, ces titres se sont rapidement relevés : en 1894, le 3 1/2 0/0 néo-gallois était presque revenu au pair, et aujourd'hui les cours sont plus élevés que jamais : 106 1/2 pour Victoria, 110 pour la Nouvelle-Zélande, 111 pour l'Australie du Sud, 109 1/2 pour le Queensland ; voilà les cours des 3 1/2 0/0 des diverses colonies australiennes en juillet 1890 à la bourse de Londres. La Nouvelle-Zélande, dont les fonds n'avaient guère fléchi pendant la crise, voyait au même moment son 3 1/2 0/0 remboursable en 1939 coté à 109 et son 3 0/0 remboursable en 1943 à 103 ; de même la Nouvelle-Galles a pu émettre en 1890 un emprunt 3 0/0 à 98. Si l'on tient compte de ce que ces fonds sont remboursables à date fixe et de la prime à amortir, leurs cours sont donc aujourd'hui, malgré la crise de 1893, aussi élevés, sinon plus, que ceux des renies françaises.

On le voit, les créanciers de l'Australie ont repris confiance vite et facilement. Peut-être même peut-on dire qu'il est un peu prématuré de capitaliser à 3 pour 100 les fonds publics des colonies. L'ensemble de leurs dettes atteint 5 300 millions de francs ; c'est le total le plus élevé du monde relativement à la population : la dette par tête d'habitant varie, en Australie, de 1 000 francs en Victoria, à 1 800 au Queensland ; elle est de 1 300 francs en moyenne, alors que le chiffre correspondant n'est que de 800 en France, et notre pays est cependant le plus endetté de l'Europe. Sans doute, les emprunts des colonies n'ont pas été contractés, comme beaucoup des nôtres, pour réparer les désastres d'une guerre et pourvoir à la sécurité militaire du pays : les trois cinquièmes, notamment, ont été consacrés à la construction des chemins de fer, et la recette nette de ceux-ci fournissait, en 1892-93, 90 des 209 millions d'arrérages que les gouvernements avaient à payer. D'autre part, la baisse générale de l'intérêt a aidé à la hausse des fonds australiens, et si on compare leurs cours à ceux des Consolidés anglais, on voit qu'ils sont relativement plutôt moins élevés qu'en 1889. Néanmoins le chiffre des dettes australiennes est colossal, et il est à craindre que les gouvernants de ces pays, tentés par le bas taux de l'intérêt, ne recommencent à emprunter, comme l'ont déjà fait la Nouvelle-Galles du Sud et la Nouvelle-Zélande. Les impôts sont très lourds en Australie et peu susceptibles d'être augmentés sans inconvénients ; tous les grands travaux publics vraiment utiles sont faits dans la plupart des colonies, et les fonds qu'elles cherchent à se procurer risquent d'être employés à des expériences sociales plus ou moins aventureuses. L'ensemble de cette situation semble justifier à peine le taux actuel de leur crédit.

Si les capitalistes ont vite repris confiance dans l'Australie, il n'en a pas été de même des immigrants. Ceux-ci étaient arrivés en très grandes quantités jusqu'à ces dernières années. De 1881 à 1890, l'Australie avait encore gagné 386000 habitants par l'excédent de l'immigration sur l'émigration. C'étaient presque exclusivement la Nouvelle-Galles, Victoria et le Queensland qui avaient profité de ce mouvement : les parts respectives de ces trois colonies étaient de 164000, de 112000 et de 101000. Au contraire, l'Australie du Sud avait perdu 17100 habitants, la Tasmanie et la Nouvelle-Zélande étaient restées presque stationnaires. En 1891, les arrivées en Australasie dépassèrent encore les départs de 39000 dont 20000 en Nouvelle-Galles ; mais en 1892, cet excédent tomba brusquement à 6930 et resta à peu près stationnaire à 8224 l'année suivante. Comme les statistiques des départs sont toujours, d'après les documents officiels eux-mêmes, défectueuses et les chiffres donnés inférieurs à la vérité, il a dû y avoir perte sèche pour ces deux années. Cette perte est officiellement constatée pour Victoria (12000 départs de plus que d'arrivées en 1892, et 13000 en 1894) ; mais la Nouvelle-Zélande était en notable progrès, gagnant 10000 âmes en 1893, parce qu'elle échappait à la crise et recevait beaucoup d'Australiens. L'Australie de l'Ouest, où l'on venait de découvrir des mines d'or, gagnait de même 5000 habitants. C'est elle seule qui maintient aujourd'hui un courant d'immigration vers l'Australasie : depuis trois ans, en effet, le mouvement n'a guère repris : dans le premier semestre de 1896, 5000 personnes seulement ont quitté le Royaume-Uni pour se rendre aux antipodes : or, c'est presque exclusivement en Angleterre que se recrutent les colons de l'Australie : de 1881 à 1890, 40000 personnes quittaient chaque année les Iles Britanniques pour s'y rendre. D'autre part, les départs continuent à être nombreux et s'étendent à toutes les colonies : en 1895, la Nouvelle-Zélande a de nouveau perdu des habitants comme elle l'avait fait de 1888 à 1891.

Malgré ces côtés défavorables, les immenses ressources de l'Australie permettent d'espérer qu'elle surmontera définitivement l'effet de cette crise. Par une heureuse chance, les mines de l'ouest ont été découvertes au moment précis où chancelait la prospérité des grandes colonies de l'est, et ont retenu sur l'Australie l'attention du monde : la fortune n'a pas voulu abandonner tout à fait ce pays qu'elle avait tant gâté. D'ailleurs, la crise a permis aux colons de montrer qu'ils avaient en eux-mêmes de grandes réserves d'énergie et d'initiative. Voyant diminuer les gains qu'ils tiraient de leurs anciennes industries, comme la laine, ils ne se sont pas découragés ; ils en ont cherché de nouvelles ; et c'est au plus fort de l'ébranlement financier que la colonie de Victoria a commencé d'exporter sur une grande échelle des viandes congelées, du beurre, des fromages. Pour que la prospérité leur revînt, il faudrait seulement que ses habitants montrassent un peu de sagesse et cessassent de se croire destinés à guider le monde dans les voies de la rénovation sociale ; il faudrait aussi qu'ils fussent convaincus que certaines lois économiques, celles-là surtout qui concernent le crédit et la monnaie, sont aussi immuables et universelles que les lois physiques, et que les pays neufs ne peuvent pas, plus que les vieilles contrées, les violer impunément. Si la crise de 1893 avait pu leur apprendre ces vérités, elle aurait peut-être été un bienfait. De toutes manières l'ère des *booms*, des spéculations désordonnées, est aujourd'hui terminée pour l'Australasie. Il ne dépend que de ses colons qu'une immigration d'hommes et de capitaux aussi nombreuse, mais plus saine, que celle qui s'y est précipitée naguère s'y porte de nouveau pour développer les vastes ressources inexploitées qu'elle renferme encore.

www.ingramcontent.com/pod-product-compliance
Lightning Source LLC
LaVergne TN
LVHW091304080426
835510LV00007B/380